O PROJETO MODERNO
PAUTAS DE PESQUISA

CRISTINA GASTÓN – TERESA ROVIRA

O PROJETO MODERNO
PAUTAS DE PESQUISA

TRADUÇÃO:
NICOLÁS SICA PALERMO

Editora Sulina

Título original: *El Proyecto Moderno. Pautas de Investigación*

Tradução: Nicolás Sica Palermo
Capa: Humberto Nunes (sobre imagem *Exposição Mies van der Rohe, Museum of Modern Art*, 1947)
Projeto gráfico e editoração: Daniel Ferreira da Silva e Niura Fernanda
Revisão: Simone Ceré
Ilustrações de capa: *Exposição Mies van der Rohe, Museum of Modern Art*, 1947
Imagens cedidas por Cristina Gastón
Desenho da coleção: Helio Piñón
Editor: Luis Antonio Paim Gomes

Dados Internacionais de Catalogação na Publicação (CIP)
Bibliotecária responsável: Denise Mari de Andrade Souza CRB 10/960

G256p Gastón, Cristina
O projeto moderno: pautas de pesquisa / Cristina Gastón e Teresa Rovira, traduzido por Nicolás Sica Palermo. – Porto Alegre: Sulina, 2023.
144 p.: il.; 14x21cm.

Título original: El proyecto moderno. Pautas de investigación
ISBN: 978-65-5759-007-2

1.Arquitetura. 2. Planejamento Urbano. 3. Arquitetura Moderna. I. Rovira, Teresa. II. Título.

CDU:72
CDD: 720

Editora Meridional Ltda.
Rua Leopoldo Bier, 644, 4º andar – Santana
Cep: 90620-100 – Porto Alegre/RS
Fone: (0xx51) 3310-9801
www.editorasulina.com.br
e-mail: sulina@editorasulina.com.br

{Março/2024}

IMPRESSO NO BRASIL/PRINTED IN BRAZIL

AGRADECIMENTOS

Este trabalho é o resultado da constatação de uma série de critérios aplicados na pesquisa sobre projetos de arquitetura derivados do trabalho do corpo discente e docente da linha de doutorado "O sentido da forma moderna". Devemos agradecer a inspiração contínua de Helio Piñón. Também o trabalho e o entusiasmo de todos os estudantes, em especial dos que concederam seus trabalhos para a publicação: Marcelo Alonso, Marcelo Faiden, Cristián Berríos, Glenn Deulofeu, Mamen Escorihuela, Marcos Jobim, Silvana Carlevaro, Maximiliano Lucas Bolotner, Leonardo Moad e Leandro Rotolo. A Augusta Hermida, por sua colaboração nas pautas de desenho. A Pedro Strukelj, pela sua colaboração nas pautas bibliográficas. A Xavier Pouplana, pelas suas oportunas observações. Ao Ministério de Ciências e Tecnologia, que com o seu financiamento colaborou com o desenvolvimento dos trabalhos de pesquisa, e ao Instituto Catalán de Cooperación Iberoamericana-Casa América de Cataluña.

SUMÁRIO

APRESENTAÇÃO

O livro *O projeto moderno: pautas de pesquisa* plasma perfeitamente a prática do grupo de pesquisas FORM e sua linha chamada La Forma Moderna, ambos inseridos no marco do Departamento de Projetos Arquitetônicos da Escola Técnica Superior de Arquitetura de Barcelona/ Universidade Politécnica da Catalunha.

Completando em 2019 quinze anos de existência, o grupo FORM foi fundado pelos arquitetos e professores Teresa Rovira e Helio Piñón. Ao longo dos anos, passou por algumas mudanças importantes, tendo assumido novas formas de atuação. Não obstante, os aspectos fundamentais que o vertebram, isto é, o trabalho de pesquisa e a formação de profissionais e docentes comprometidos com o arcabouço conceitual da modernidade arquitetônica, continuam plenamente vigentes. Suas páginas refletem de maneira inequívoca o compromisso em manter a investigação voltada para prática do arquiteto projetista.

Meu papel como tradutor deste livro se justifica pelo envolvimento acadêmico que tive e continuo tendo com as autoras Teresa Rovira e Cristina Gastón. A primeira foi minha coordenadora durante o tempo em que fui bolsista de doutorado do grupo, a segunda foi minha orientadora no doutoramento. Passados alguns anos, temos uma grande relação de amizade e continuo tendo uma profunda admiração pelas duas. Disso tudo, o importante é dizer que todos esses elementos me moldaram como pesquisador, professor e também como profissional de arquitetura e o livro

O projeto moderno: pautas de pesquisa representa uma boa parte desses frutíferos ensinamentos. O trabalho de tradução é um privilégio e também uma maneira de dizer obrigado por tudo.

Estudantes de arquitetura normalmente têm imensas dificuldades para redigir artigos ou ensaios. Somos educados para ordenar espaços e desenhar o mundo que, ao nosso ver, seria o ideal para todos. Mas normalmente não somos treinados para colocar sobre o papel nossos pontos de vista sobre arquitetura na forma de palavras.

Se o nosso forte é o desenho, há de se dizer que nem todo o desenho arquitetônico encaixa nos diferentes tipos de mídia com os quais trabalhamos no nosso dia a dia. Cada tipo exige do projetista determinada ênfase ou estilo de representação arquitetônica: não é o mesmo produzir desenhos para um projeto executivo que para uma revista especializada em arquitetura; assim como não é o mesmo preparar materiais para uma apresentação preliminar de projeto com o intuito de 'vender' ideias para clientes que elaborar desenhos em formato de figuras para um artigo científico.

Não é raro ler ensaios com desenhos que não contribuem para o entendimento dos objetos de estudo, bem como não é infrequente ler trabalhos de conclusão, sejam dissertações ou teses de doutorado, nos quais há desenhos originais de má qualidade por conta da falta de iniciativa dos autores para redesenhá-los adequadamente.

O projeto moderno: pautas de pesquisa oferece uma metodologia consistente e segura para que tanto textual como graficamente possamos clarificar e amplificar nosso discurso, alargando a ponte entre o conhecimento oferecido e o leitor ou espectador.

Algumas pequenas atualizações são oferecidas nesta versão em português. Projetos desenvolvidos com a ajuda de softwares BIM (*Building Information Modelling*) merecem especial menção. Neste momento, 13 anos depois de publicadas pela primeira vez na Espanha e com os BIM cada vez mais populares, estas pautas se fazem extremamente oportunas. Usando esses softwares na representação de projetos teríamos a possibilidade de gerar 'facilmente' cortes perspectivados, estudos em axonométricos com alta definição de detalhes, perspectivas explodidas, etc. Porém, o que se observa em ateliês de projeto dentro de universidades, em publicações de arquitetura e em sites especializados é um fenômeno de empobrecimento da representação arquitetônica, ocasionado muito provavelmente pela automatização na geração dos desenhos através desses softwares. A falsa ilusão de que a modelagem exaustiva de projetos em todos seus dados brindará ao final o autor com plantas, cortes, fachadas e perspectivas visualmente finalizados leva à entrega de materiais incompletos ou de má qualidade. As pautas gráficas aqui apresentadas podem ajudar no sentido de oferecer parâmetros básicos que podem auxiliar no polimento e diagramação desses materiais.

Por último, é oportuno ressaltar o papel que tiveram as primeiras turmas de alunos da Forma Moderna, muitos deles estrangeiros que desenvolveram suas pesquisas no âmbito do grupo. Seus trabalhos geraram o grosso do que compõe graficamente o livro e ajudaram as autoras a comprovar as metodologias e os preceitos aqui esboçados. Cabe notar um bonito detalhe: na publicação original de *O projeto moderno: pautas de pesquisa*, a elaboração e a editoração dos trabalhos aqui contidos deram aos então jovens pesquisadores a oportunidade de ter uma primeira experiência como coautores ou colaboradores de um livro.

Muitos deles são brasileiros. De volta ao país natal e exercendo a docência, alguns propuseram que 'Pautas' fosse traduzido para a língua portuguesa, e o resultado é o que segue. Espero que esteja à altura.

Nicolás Sica Palermo

Arquiteto e mestre pela Universidade Federal do Rio Grande do Sul (UFRGS). Master e doutor pela Universidade Politécnica de Catalunha (UPC). Professor adjunto da UFRGS desde 2014.

PREFÁCIO

O objetivo deste livro é tratar de ajudar os estudantes de arquitetura que, envolvidos em algum estudo de pós-graduação, mestrado ou doutorado, realizam um trabalho de pesquisa.

Em especial, está direcionado àqueles cujo âmbito de pesquisa se encontra no entorno do projeto arquitetônico.

Mas, antes de entrarmos na formulação de algumas pautas, vamos tratar de esclarecer alguns dos equívocos que contribuem para confundir os pesquisadores.

Depois de completar uns créditos docentes cuja abordagem é muito diversa nos diferentes programas ministrados nas escolas de arquitetura – onde, com poucas exceções, fica esquecido o ato de projetar –, o aluno se depara com uma fase de pesquisa, de curta duração, a qual se supõe que vai orientá-lo à realização de um trabalho, à redação de um trabalho final de pós-graduação ou à formulação de uma proposta de tema de tese doutoral. Aqui reside o primeiro erro, pois, somente ao final desse processo pesquisador, o orientador poderá determinar se o estudante está capacitado para iniciar a redação do tema de tese ou se alcançou a maturidade suficiente para redigir um trabalho final de pós-graduação. Em muitos casos, esse orientador se depara com o difícil compromisso de convencer o aluno de que a pesquisa que ele realizou é devida à sua imaturidade na área da pesquisa e, por esse motivo, é preciso aconselhá-lo a seguir pesquisando, a fim de limitar adequadamente a pesquisa, ao mesmo tempo, desaconselhar-lhe, por enquanto, escrever a tese.

O segundo erro que devemos esclarecer é que não pretendemos enganar o leitor fazendo com que ele acredite que da leitura atenta deste texto e, consequentemente, depois de aplicar as diretrizes nele enunciadas redigirá sem dificuldade um trabalho de pesquisa. Com ele, tratamos simplesmente de facilitar o processo investigativo, indicando caminhos, revelando procedimentos, sistematizando resultados, de forma que o trabalho resulte mais produtivo.

E, finalmente, o maior erro que seria adequado desfazer é pensar que todo tema de pesquisa conduz a uma tese doutoral. Pesquisar supõe aprofundar, olhar atentamente, compreender os processos de criação, relacionar a obra com sua época. Uma pesquisa é limitada, precisa, começa e termina em si mesma. Quanto mais concisa, mais profunda. Um bom trabalho de pesquisa consiste em levantar adequadamente um problema, baseado em um ponto de vista interessante sobre um material original e de valor. O pesquisador deve, portanto, conhecer suas próprias limitações, temporais, literárias e gráficas, a fim de poder resolver o trabalho no tempo certo com o material adequado.

Uma tese é muito mais que isso. Supõe formular hipóteses e levantar pontos de vista originais sobre um material complexo, a fim de chegar a conclusões que corroborem com solidez as hipóteses de partida. Uma tese abrange um número infinito de pesquisas históricas, visuais, documentais. Não se pode ignorar o contexto, se deve trabalhar em materiais originais e questionar todas as declarações que foram feitas ao longo da história, reelaborar desde o início e documentar por escrito e graficamente, a fim de justificar adequadamente um novo ponto de vista.

Em vista do que foi dito até agora, o pesquisador iniciante imediatamente fica em dúvida se sua pesquisa deve seguir diretrizes metodológicas específicas, ajustar-se a certas questões, procurar desesperadamente desde o início um tópico de tese inacessível. É verdade que em alguns programas são oferecidas metodologias de pesquisa, em muitos casos apoiadas por cursos de pesquisa bibliográfica, mas nada disso permite limitar o tema de pesquisa com o devido conforto.

No entanto, tanto para tranquilizar o aluno quanto para incentivá-lo a avançar no campo da pesquisa, é conveniente apontar os aspectos mais relevantes do trabalho de pesquisa, e a isso dedicaremos o segundo capítulo.

No terceiro, uma vez delimitado o conceito de tema de pesquisa, são oferecidas algumas diretrizes específicas para as questões arquitetônicas.

Os seguintes capítulos fornecem diretrizes concretas sobre as referências bibliográficas, a maneira como nomear arquivos, os critérios de desenho e as fichas de documentação.

Assim, do geral ao específico, da teoria à prática, o texto tenta abordar todas as etapas dos processos de pesquisa no campo do projeto de arquitetura. O leitor atencioso poderá aprender, neste texto, a reescrever a história afinando o olhar. Descobrirá, através do estudo do entorno, os padrões que geram o trabalho. Entenderá como o estudo dos detalhes é uma ferramenta útil no conhecimento arquitetônico. Saberá dar valor ao rigor ao fazer uma citação. Encontrará nas revistas e textos de uma determinada época uma fonte inesgotável de tópicos de pesquisa. Saberá mais profundamente analisar um edifício. Descobrirá que quanto maior a informação existente sobre um tópico, mais se terá que apurar o ponto de vista. Estará convencido de que é necessário dar tempo à história para que decante a boa arquitetura, que é necessário ler poucos livros, mas com atenção, sem deixar escapar ideias. E será capaz de reunir uma bibliografia sólida e coerente.

No entanto, este texto não se destina exclusivamente ao pesquisador. Se considerarmos que a formação de doutorado tem como um dos seus principais objetivos a formação de professores, o futuro professor de Projetos encontrará recursos aqui para formular suas aulas, instrumentos para enriquecer o conhecimento de seus alunos, materiais valiosos para seu ensino.

Por esta razão, é básico que a escolha do objeto a investigar seja um reforço para o trabalho de ensino. Conhecer bem para ensinar melhor. Em um momento de caos como o presente, no qual para muitas escolas o melhor professor é o mais aberto, que admite tudo, o que legaliza a incompetência de muitos professores, o fato de ter claro mesmo que apenas um pequeno fragmento do fazer arquitetônico tornará esse futuro professor um sólido suporte na formação de futuros arquitetos. Ele transmitirá segurança e entusiasmo.

Antes de concluir este breve prefácio, devo salientar que o que nos levou a produzir esta publicação é dar a conhecer a experiência de mais de quinze anos orientando a pesquisa e o fato de ter um material valioso, fruto do trabalho contínuo de nossos professores e estudantes, o que nos permitirá ilustrar cada capítulo com exemplos para facilitar a compreensão do texto.

Acreditamos que a partir dele o pesquisador poderá contar com um conjunto de recursos que facilitarão o seu trabalho e, sem dúvida, enriquecerão o resultado final.

Portanto, gostaria de expressar minha gratidão a todos aqueles que, ao longo dos anos, colaboraram na linha "A forma moderna" do Programa de Doutorado de Projetos Arquitetônicos da Escola Técnica Superior de Arquitetura de Barcelona (ETSAB), uma vez que, sem eles, essa publicação não teria sido possível.

TERESA ROVIRA

Barcelona, 6 de setembro de 2006

INTRODUÇÃO

Estas diretrizes visam ser um guia básico para a iniciação no estudo de obras e projetos de arquitetura moderna. Embora sejam principalmente orientadas para a realização de pesquisas acadêmicas, as pautas e recomendações oferecidas devem servir a todos os interessados em melhorar seu discernimento sobre o fato arquitetônico, aplicá-lo em sua prática profissional habitual ou revertê-lo em artigos, livros ou conferências. Na introdução, serão expostas as bases que fundam a aproximação com a arquitetura que promovem estas pautas. Para isso, convém fazer alguns esclarecimentos sobre a adequação e relevância dos instrumentos que costumamos usar no exercício de análise e crítica: o texto do discurso verbal e a imagem gráfica.

Em qualquer caso, o objetivo é facilitar o reconhecimento da arquitetura e a delimitação do objeto de pesquisa, orientar sobre os aspectos aos quais se deter, canalizar o ponto de vista e fornecer ferramentas para operar com o material de forma eficiente, bem como para saber a maneira apropriada de elaborar e apresentar as conclusões.

A RESPEITO DE PESQUISAR

O dicionário de María Moliner define pesquisar como "tomar medidas ou diligências para chegar a saber certa coisa"; portanto, guarda relação com perguntar, procurar, examinar, tatear ou observar[1]. É um trabalho que tem conotações científicas e alude à precisão, rigor, esclarecimento, constatação, princípios cuja confluência cabe exigir em qualquer estudo que enfrentemos. É por isso que, mesmo quando contemplarmos a arquitetura como uma disciplina artística, o método científico será aplicado, entendido como a aplicação atenta dos sentidos a um objeto ou fenômeno a estudar tal como se apresenta na realidade e extrair o princípio geral implícito.

A RESPEITO DO PROJETO DE ARQUITETURA

No nosso caso, o fenômeno observável é o projeto de arquitetura. Dada a vasta gama de possíveis direções com as quais abordar o assunto, é apropriado explicar o ponto de vista que propomos.

A perspectiva que nos interessa é a que proporciona uma competência exclusiva do arquiteto: a de experimentar o projeto como o processo no qual é aplicado um sistema formal que resolve e transcende todas as condições dadas. As questões levantadas pelo projeto estão sempre além dos requisitos funcionais ou econômicos impostos pelo empreendedor em cada ocasião. Como explica Helio Piñón, em qualquer arquitetura verdadeira o programa dado estabelece as condições da solução, mas não levanta a natureza do problema[2]. É o próprio arquiteto autor do projeto que, em cada caso, define o problema a ser resolvido e identifica a natureza de um conflito formal que o programa, o mero enunciado dos requisitos funcionais e econômicos, geralmente oculta. Portanto, o projeto, assim considerado, aborda e resolve problemas que não foram previamente formulados, o que constitui um atributo da arte e da melhor arquitetura.

A ação de projetar, tarefa própria do arquiteto, é a que nos predispõe para o reconhecimento do trabalho de arquitetura de um ponto de vista específico, diferente do de outras disciplinas. Há muitas circunstâncias que podem influenciar no projeto, desejadas ou aleatórias. Durante o processo do projeto e durante a execução do trabalho, intervêm diferentes agentes e circunstâncias sobre os quais o pesquisador alvo dessas pautas não pode reivindicar desconhecimento e sobre o qual deve estar ciente.

Nossa abordagem deve ser a do projetista e deve ser baseada na capacidade de ver as obras desde dentro. O arquiteto que pesquisa não é meramente público, já que tem a capacidade de entender o trabalho a partir da experiência do fazer e da técnica; por isso, se recorre a uma compreensão ativa que requer conhecimento e imaginação. Consequentemente, essas pautas propõem o esforço de coexistir com a obra, suas aproximações, cálculos e ajustes, na lógica da sua produção, unidade de ação e reflexão. Desta forma, se evita ver o projeto arquitetônico simplesmente como resultado da inspiração e se pode avançar na consciência da sua concepção, ordem e desenvolvimento. Em suma, como afirmou o filósofo alemão Theodor W. Adorno, o conhecimento do trabalho que se quer deve responder a uma proximidade com o objeto artístico da qual somente é capaz quem o produz com responsabilidade[3].

O questionamento da arquitetura que se sugere sempre envolve o processo de busca da documentação que se refere a ela, da qual extraímos nossas conclusões, mas o valor do trabalho realizado não é tanto da habilidade dessa tarefa como da capacidade para organizar e reordenar esse material com critérios extraídos da própria arquitetura. Porque não se refere apenas ao fato final, à sua determinação final, mas aos motivos da sua concepção e desenvolvimento. E, para isso, é necessário situar-se no ponto de partida do projeto e restaurá-lo novamente seguindo o autor original em suas decisões arquitetônicas. Helio Piñón descreve essa tarefa como "a inversão do processo usual ou, em outras palavras, procurar a arquitetura de um certo edifício"[4].

A RESPEITO DA RELEVÂNCIA DE PESQUISAR

Independentemente do fato de que seja um sinal dos tempos, é de lamentar a noção fragmentária e banal que muitas vezes se tem mesmo dos projetos mais célebres que se pensa conhecer. É habitual o olhar precipitado de livros e revistas a partir dos quais se obtém informação parcial e tendenciosa que alimenta um registro de traços figurativos disjuntados e triviais porque negligenciam sua conexão íntima com o resto das circunstâncias do projeto. Isso dificulta a coerência dos próprios projetos na prática profissional.

Observar e credenciar processos de projeto nos permite fornecer referências confrontadas e verificadas por nós mesmos, por nossos problemas e preocupações, o que resulta em aumentar a nossa consciência do ato de projetar e ajuda a estabelecer a escala da hierarquia de valores do projeto ao permitir verificar como trabalham juntos diferentes elementos e circunstâncias e reconhecer como eles se tornam necessários um para o outro. É assim que a capacidade de julgamento sobre a arquitetura é desenvolvida e se aprende a reconhecer e verificar os critérios de ordem e concepção dos melhores projetos.

A pesquisa promovida nessas pautas coloca o estudioso e o autor no mesmo caminho, no mesmo lado da mesa. Carlos Martí ressalta que "a tarefa crítica deve ser inseparável da ação poética: ambos os aspectos são complementares; o verdadeiro crítico levanta os mesmos problemas que o autor; ambos fazem as mesmas perguntas, compartilham os mesmos interesses e falam a mesma língua [...] Desde esse ponto de vista, a crítica pode ser entendida como um procedimento que evita que a teoria e a prática se desenvolvam isoladamente"[5].

Levando o argumento ao extremo, a pesquisa e a crítica que eles propõem devem levar a uma responsabilidade criativa. Como George Steiner diz, "... o texto, a obra de arte, a composição musical, "a notícia ainda nova não requer apenas compreensão': requer reação. Devemos agir "novamente", traduzir à conduta a resposta e a interpretação"[6].

SOBRE O ÂMBITO DE PESQUISA

A escolha do tema de estudo abre um enorme alcance de possibilidades; no entanto, essas pautas propõem como objeto de estudo prioritário o exame de projetos de arquitetura moderna, preferencialmente das décadas centrais do século XX.

Um bom projeto oferece um mundo ordenado de formas claras e uma série de valores ordenados e hierárquicos: "o edifício fornece um marco coerente em que qualquer episódio se traduz em um critério formal e ao mesmo tempo adquire sentido estético"[7]. Por isso, é importante deter-se em obras de qualidade comprovada das quais se pode dispor de material suficiente. Obras de natureza universal que levantam questões que podem ser extrapoladas para outros casos e cujos temas centrais do projeto estão completamente resolvidos. Não é interessante o que é sem precedentes, estranho ou excêntrico, justificado apenas como expressão de uma individualidade, ou o vernáculo, se não atingir um grau de verossimilhança extensível a outras situações.

É uma questão de adquirir "uma compreensão ativa da história"[8] e reviver os melhores projetos da cultura moderna; provar a continuidade dos valores estéticos que permanecem válidos e que podem iluminar a prática da arquitetura, reabilitando-os efetivamente em relação às atuais possibilidades técnicas e produtivas.

SOBRE O DISCURSO E A IMAGEM

Diante da crítica discursiva que interpreta o comentário do comentário da obra, propomos um olhar mais direto com o uso intensivo dos mesmos meios com os quais o arquiteto prossegue: os próprios da representação gráfica, o desenho e a imagem. Diferentes aspectos da realidade exigem diferentes modos de descrição, e é uma questão de fazer uso da maneira mais conveniente e precisa de especificar a construção de um edifício e comunicar sua arquitetura.

Não se pretende dispensar a expressão verbal como instrumento de análise arquitetônica; trata-se de pedir-lhe a adequação e solvência.

Normalmente, são usados com leveza uma série de termos imprecisos baseados em conceitos genéricos – funcionalismo, racionalismo ou organicismo – para designar indistintamente obras cujas condições de concepção são completamente diferentes. Durante algum tempo, eles têm servido para debater e refletir sobre a arquitetura, mas, no momento, são insuficientes para realmente aprofundar as condições de concepção. As reflexões do escritor Italo Calvino sobre este assunto colocam o problema com grande perspicácia:

[...] a linguagem é sempre usada de maneira aproximada, casual e negligente. A imprecisão no uso da palavra se manifesta como uma perda de força cognitiva e de imediatismo, como um automatismo que tende a nivelar a expressão em suas formas mais genéricas, anônimas e abstratas, diluir significados, suavizar pontos expressivos, para extinguir qualquer faísca que decorre do encontro de palavras com novas circunstâncias. [...] Antes de qualquer exame substancial, considero a linguagem; tenho o hábito de proceder da maneira dos cirurgiões, que primeiro purificam as mãos e preparam o campo operacional. É o que eu chamo de limpeza da situação verbal. [...] Proponho que há de estar vigilante contra os primeiros contatos de um problema com nosso espírito. Devemos estar vigilantes com as primeiras palavras que formulam uma questão em nosso espírito. Uma pergunta nova primeiro está em estado de infância em nós; balbucia: encontra apenas termos estranhos, cheios de valores e associações acidentais; é obrigada a tomá-las[9].

Costumamos usar expressões que são carregadas de valores, pervertidas pelo seu uso e que levantam mais perguntas do que respondem. Elas nos levam a argumentos confusos e alternam, na maioria das vezes, o que realmente estávamos tentando expressar. Escrever deve ser o meio que ajuda a pensar com precisão, mas as palavras podem interromper a visão do que é oferecido. É difícil falar do que é expresso apenas por meios arquitetônicos e devemos ter cuidado para não deturpar com palavras o que nos é claramente apresentado. Colocar certos rótulos evita reconhecer adequadamente o projeto devido à falta de escrúpulos sobre o vocabulário que é usado. Além disso, seja qual for a filosofia que o arquiteto confesse professar, o projeto é resolvido com meios arquitetônicos, e é imprescindível usar a linguagem mais justa possível para abordar as coisas com discrição, atenção e cautela, como diz Calvino, "com o respeito devido ao que as obras comunicam sem palavras"[10].

Assim, é aconselhável abordar o projeto diretamente e se concentrar na realidade física, geométrica e construtiva do mesmo, em vez de aplicá-lo no brilho do discurso que outros críticos ou estudiosos já expressaram sobre a proposta, embora, é claro, não isenta de conhecer e avaliar a bibliografia sobre o assunto.

Para enfrentar a análise do fato arquitetônico, formar um julgamento e comunicar as conclusões, resulta muito eficaz o uso dos meios gráficos: o desenho e a imagem, as mesmas ferramentas que serviram ao autor no processo de concepção. Assim, por exemplo, o estilo de representação de um edifício que queremos conhecer nos obriga a olhar e a questionar sobre aspectos físicos específicos do edifício e afasta a possibilidade de divagar. Permite tomar consciência das dimensões do edifício e de seus componentes, da hierarquia de traçados, das modulações ordenadoras, da relação entre elementos construtivos, etc. A seleção e a edição das imagens, as que fazemos nós mesmos ou aquelas que conseguimos coletar, restauram a percepção do edifício, e a descrição que busca carrega implícita o exercício do juízo estético.

Helio Piñón argumentou amplamente a forma como o desenho e a imagem gráfica colocam em ação o que ele chama de "intelecção visual", expressão que define a percepção ao mesmo tempo sensível e intelectual de arte, e que dilui as fronteiras entre olhar e projetar, aperfeiçoando a capacidade crítica. Cada imagem é, de fato, o reconhecimento do significado de uma organização formal rigorosa e, ao mesmo tempo, é um testemunho visual de um ato de concepção[11].

ADVERTÊNCIA A RESPEITO DO USO DESTAS PAUTAS

Uma pauta é uma guia que se tem em conta para fazer bem uma coisa. Pautar é, em geral, dar normas, modelos que sirvam de gabarito ou padrão. Não obstante, estas recomendações não devem ser entendidas como um simples questionário, processo para responder de forma ordenada. As pautas devem servir para canalizar o trabalho, mas podem e devem ser subvertidas se assim exigir o estudo e não podem ser álibis para não pôr em evidência o importante do projeto que estudemos. Não há uma pauta única que possa resolver todas as possíveis pesquisas.

Contudo, no segundo capítulo se comentam e oferecem diferentes exemplos que ilustram possíveis maneiras de estruturar e apresentar temas que resultaram eficazes anteriormente. O terceiro capítulo desenvolve o modo de documentar e analisar um projeto de arquitetura e apresentar o seu autor, tema que constitui o eixo central deste livro. No quarto capítulo são dadas prescrições elementares para estimar adequadamente o conteúdo de livros e revistas, fonte básica de informação para as pesquisas que vamos encarar. Uma publicação pode ser em si mesma objeto de estudo, apesar de que na maior parte das vezes que nos aproximamos dela será em busca de dados, referências gráficas ou discursivas, e nesse caso é muito importante considerar o contexto que a publicação que manejamos nos oferece. O último capítulo oferece critérios bibliográficos, e de desenho, escaneamento e nomenclatura de arquivos.

Tudo se ilustra e exemplifica com os trabalhos realizados pelos alunos do programa de doutorado "La forma moderna". Nos capítulos dedicados a livros e revistas, se reproduzem as páginas que são comentadas não apenas para animar a sua consulta, mas também porque mostram estruturas de ordem gráfica que podem servir de guia para apresentar as pesquisas próprias.

Os trabalhos são explorações pessoais para garantir a capacidade de descobrir e desvendar processos arquitetônicos. Conhecer algo com consistência não só fornece conhecimento sobre o assunto específico abordado, mas também serve como um ponto de referência para abordar qualquer outro tema, como um ponto de apoio para medir outras arquiteturas. Como diz Italo Calvino, cada novo conhecimento permite ver de forma diferente tudo o que se sabia, ou se pensava saber; de fato, não se conhece apenas o novo, mas se volta a conhecer o que pensou que se sabia.

NOTAS

1. Dicionário da língua portuguesa Houaiss dá dois significados: "1. Procurar com aplicação, com cuidado, investigar. 2. Tomar informações sobre; averiguar". HOUAISS, Antônio. Dicionário Houaiss da Língua Portuguesa. Rio de Janeiro, Ed. Objetiva, 2001, p. 597.
2. Piñón, Helio. Paulo Mendes da Rocha. Barcelona: Edicions UPC, 1999, p. 12.
3. Adorno, Theodor. "El artista como lugarteniente". Notas sobre literatura. Madri: Akal, 2003. (Berlim: Suhrkamp, 1958).
4. Piñón, Helio. El proyecto como (re)construcción. Barcelona: UPC, 2005.
5. Martí Arís, Carlos. La cimbra y el arco. Barcelona: Fundación Caja de Arquitectos. Col. "La Cimbra", núm. 1. Dezembro de 2005.
6. Steiner, George. Errata. 6ª ed. Madri: Siruela, 2001. (Gallimard, 1997).
7. Piñón, Helio. El proyecto como (re)construcción. Barcelona: UPC, 2005.
8. Sostres, Josep Maria. "Creación arquitectónica y manerismo". Cuadernos de Arquitectura, 22 (1955).
9. Calvino, Italo. Seis propuestas para el próximo milenio. 2.ª ed. Madri: Siruela, 2000. (Milán: Garzanti, 1988), p.69.
10. Calvino, Italo. Ibid.
11. Piñón, Helio. Miradas intensivas. Barcelona: Edicions UPC, 1999, p. 24-25.

O TRABALHO DE PESQUISA

A ESCOLHA DO OBJETO DE ESTUDO

Quem enfrenta uma pesquisa desse tipo tem estado em contato com a arquitetura há anos; é possível supor que possui certo conhecimento teórico e prático, pelo que a aproximação do objeto de estudo não pode ser ingênua. A escolha do tema pressupõe algum conhecimento dele.

Um trabalho de pesquisa deve fornecer precisão em algum fato arquitetônico, dar conta de algo que não foi previamente verificado, revelar um critério ou ordem implícita e justificá-lo com o material que é apresentado.

O estudo deve enfatizar fatos arquitetônicos mensuráveis, verificáveis, a partir dos quais material gráfico suficiente possa ser acessado para obter uma ideia precisa do objeto. É muito importante restringir bem o assunto e estabelecer os limites do estudo. A pesquisa deve ter um significado em si mesma, embora permita novos desenvolvimentos e, de acordo com os objetivos, transborde esse tempo amplamente.

Devem ser evitadas generalizações precárias. Pode-se começar por delinear um escopo de decisão e se ocupar só dele. Por exemplo, cuidar de alguma circunstância parcial extraordinária do projeto: a configuração do acesso ao edifício, a relação do revestimento de fachada com a estrutura, a solução do encontro de duas fachadas. Nos bons projetos, as diferentes ordens de decisão estão ligadas, permitindo mover-se de uma circunstância para outra e revelar os tópicos a serem percorridos. É somente quando vários casos específicos foram reunidos – por exemplo, quando algum critério de ação foi isolado em várias obras de um mesmo arquiteto – que princípios gerais podem ser extrapolados.

Conforme foi adiantado na introdução, o prédio fornece uma delimitação de trabalho coerente. No entanto, a confrontação de um edifício com outros é um mecanismo que ajuda a reconhecer a arquitetura do projeto: a distinção entre as diferentes versões do mesmo projeto ou a evolução da versão final em relação às versões anteriores; a comparação de dois projetos de um mesmo autor ou dois projetos de diferentes arquitetos; a apresentação conjunta das diferentes propostas de um concurso, ou dos projetos que participam de algum evento, exposição, congresso ou bienal – nesses casos, os projetos fornecem uma seção da linha do tempo para determinado ano.

A enumeração de alguns títulos de trabalhos realizados pode ilustrar o que se segue: *Análise de dois edifícios de habitações sociais de Ramón Duran e Reynalds e Francesc Mitjans na Praça Tóquio de Barcelona*, de Iñaki Tarragó; *Casa Statslanhus 1958. Jacobsen, projetos habitacionais no período 1950-1962*, de Maximiliano Lucas Bolotner; *2ª Bienal do Museu de Arte Moderna de São Paulo*, de Gianfranco Angilis; *Concurso "Edifício Peugeot"* em 1962 em Buenos Aires, por Marcelo Alonso.

As áreas de trabalho também podem ser abordadas desde vários domínios diferentes. Assim, são excelentes contribuições tanto o trabalho intitulado *Zaragoza. Olhares intensos*, que implica a redescoberta de um entorno urbano de 800 mil habitantes, como o intitulado *Fargas e Tous. Decanato do Colégio de Arquitetos da Catalunha e Baleares*, num espaço de 175 m² de superfície.

INDICE

Imagem 1
'Primer Concurso Internacional de Arquitectura en Argentina: "Edificio Peugeot", Buenos Aires, 1962'. Capa e índice. Junho de 2006. Autor: Marcelo Alonso.
Fonte: Marcelo Alonso.

Mamen Escorihuela se aproxima de Saragoça para redescobrir a arquitetura anônima, coerente e delicada, que forma os autênticos traços de ordem que vertebram o espaço urbano. Para isso, atravessa a cidade e tira fotos de suas ruas, depois se aproxima de alguns edifícios, procura os artifícios e acaba documentando mais extensivamente um magnífico edifício residencial do arquiteto José Romero Aguirre.

Também é uma boa contribuição o trabalho de Glenn Deulofeu, que se foca em um projeto realizado pelos arquitetos Fargas e Tous: a acomodação interior de um andar da sede do Colégio de Arquitetos da Catalunha em Barcelona, desenhado por outro arquiteto, Xavier Busquets. O trabalho dá conta exaustiva do preciso estudo modular, subdivisão e multiplicação, para gerar as dimensões de todo o design do mobiliário: mesas, lâmpadas, cadeiras, mecanismos elétricos, etc., que acompanham cada plano original com uma imagem fotográfica que dá conta da cor e da textura dos acabamentos e do seu bom estado de conservação atual.

Em suma, trata-se de despertar um tema arquitetônico e de formular bem as perguntas que implicam o reconhecimento implícito da questão que deve ser apreendida.

A COMPILAÇÃO DO MATERIAL

A pesquisa implica necessariamente a compilação do material com o qual trabalhar. Deve-se procurar ter a melhor informação possível para dispor de uma descrição exaustiva que permita observar a globalidade do fato e enfrentar a análise da solução completa.

No entanto, como se adiantava na introdução, "não faça do virtuosismo da procura de informações o centro de valor do trabalho de pesquisa, já que nunca será possível ter toda a informação e isso não deve atrasar o julgamento".[1]

Dependendo dos casos, podemos nos deparar com material de gêneros muito diferentes: documentos gráficos originais ou reproduções em livros e revistas; croquis de mão de obra, planos executivos, fotografias, filmagens; correspondência, orçamentos, memórias do autor, textos críticos, etc. As fontes podem ser muito diversas. Na melhor das hipóteses, se pode ter uma experiência direta da obra e/ou acessar diretamente ao arquivo pessoal do arquiteto em sua casa ou em algum museu, instituição profissional ou fundação pública ou privada. Em outros casos, os documentos podem ser obtidos a partir da pesquisa bibliográfica de livros ou revistas em fundos de bibliotecas.

Em qualquer caso, será fundamental manusear o material com ordem: registrar sua origem, autor, data, suporte, tamanho, etc., pois esses dados podem fornecer informações significativas para estabelecer comparações, equivalências e sequências e arquivar a informação de acordo com diferentes critérios.

Se um arquivo não catalogado for acessado, nenhum documento deve ser movido do lugar onde se encontra, pois sua posição aparentemente errônea pode ser significativa e deve ser notada.

Um bom registro é essencial, tanto para não ter que consultar duas vezes a mesma fonte como para que possa servir de base para pesquisas posteriores.

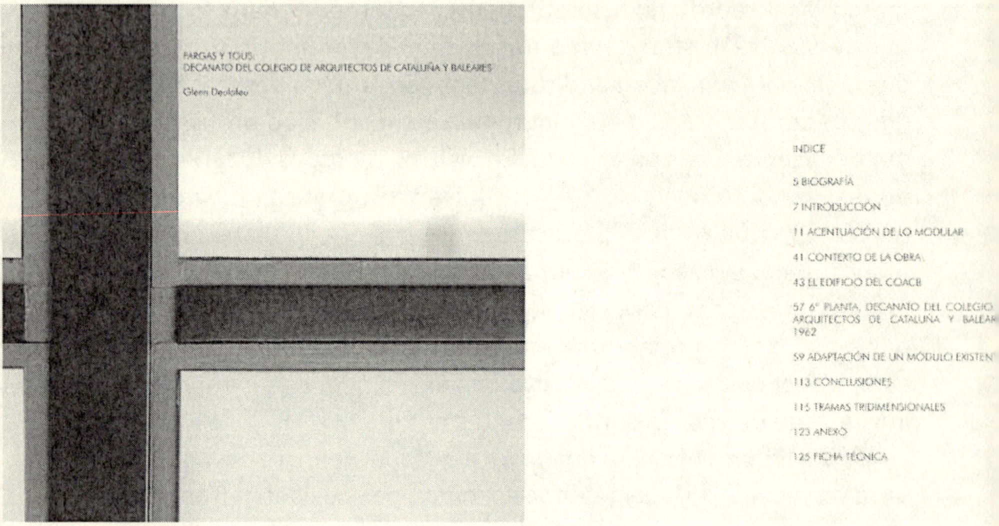

Imagem 2
'Fargas y Tous: Decanato del Colegio de Arquitectos de Cataluña y Baleares'. Capa e índice. Junho de 2006. Autor: Glenn Deulofeu.
Fonte: Glenn Deulofeu,

CRÍTICA DA INFORMAÇÃO

Dependendo do material disponível, se estará habilitado para abordar certas questões, serão levantadas umas possibilidades ou outras e a pesquisa poderá tomar caminhos alternativos.

O trabalho consiste, basicamente, em encontrar a relação entre a informação disponível, em encontrar o critério que a cobre. É preciso saber como filtrar os dados e ignorar o que não é substancial: a superabundância pode resultar confusa e inútil.

Uma grande quantidade de documentação por si só não garante a avaliação adequada do projeto e pode até ser contraproducente. Mesmo de poucos documentos bem analisados se podem tirar conclusões importantes.

Devemos aprender a distinguir bons livros de livros ruins e a dar credibilidade adequada aos seus autores; registrar a data de cada informação em seu momento temporal; situar cada declaração ou manifestação em seu apropriado contexto ideológico, cultural ou geográfico; manter o espírito crítico em todos os documentos, inclusive nas declarações do autor do projeto, pois eles podem conter vieses de interesse em algum sentido, no momento em que foram feitas, por compromisso ou por simples esquecimento.

Do mesmo modo, é necessário manter uma consciência temporal em relação ao objeto a ser estudado. O tempo decorrido terá dado origem a um contexto social diferente ao do momento em que o trabalho foi concebido. No entanto, isso não impede que continuem vigentes os critérios de concepção.

É necessário ter consciência do ponto de vista próprio referente aos estudiosos que nos precedem: se segue uma linha de pensamento a que é concedida credibilidade ou bem se abre uma nova perspectiva. No primeiro caso, serão citados os pontos de concordância e aqueles em que o avanço é proposto.

A observação adequada das pranchas e dos desenhos, dispostos em ordem e escala apropriados para sua verificação e exame, permitirá alertar a evolução ou a equivalência entre diferentes situações.

A ESTRUTURA DO TRABALHO

A variedade de possíveis temas e documentos a serem abordados torna evidente a dificuldade de estabelecer um único esquema de capítulos, válido para o desenvolvimento e a apresentação de todos os trabalhos, já que dependendo dos casos será pertinente um ou outro roteiro. No capítulo intitulado "Módulos de documentação" destas Pautas serão explicitados roteiros para os casos em que um projeto isolado seja abordado ou um livro ou um exemplar de revista seja analisado.

Mas aqui serão adiantados alguns critérios gerais sobre como apresentar o material preparado e justificar as conclusões, a distribuição da informação e o progresso das páginas e a relação entre texto e imagem, bem como o comentário de alguns conteúdos essenciais.

Examinar o trabalho elaborado deve supor uma experiência arquitetônica para isso, cabem algumas observações em relação às sequências gráficas e quanto à correspondência entre texto e imagem.

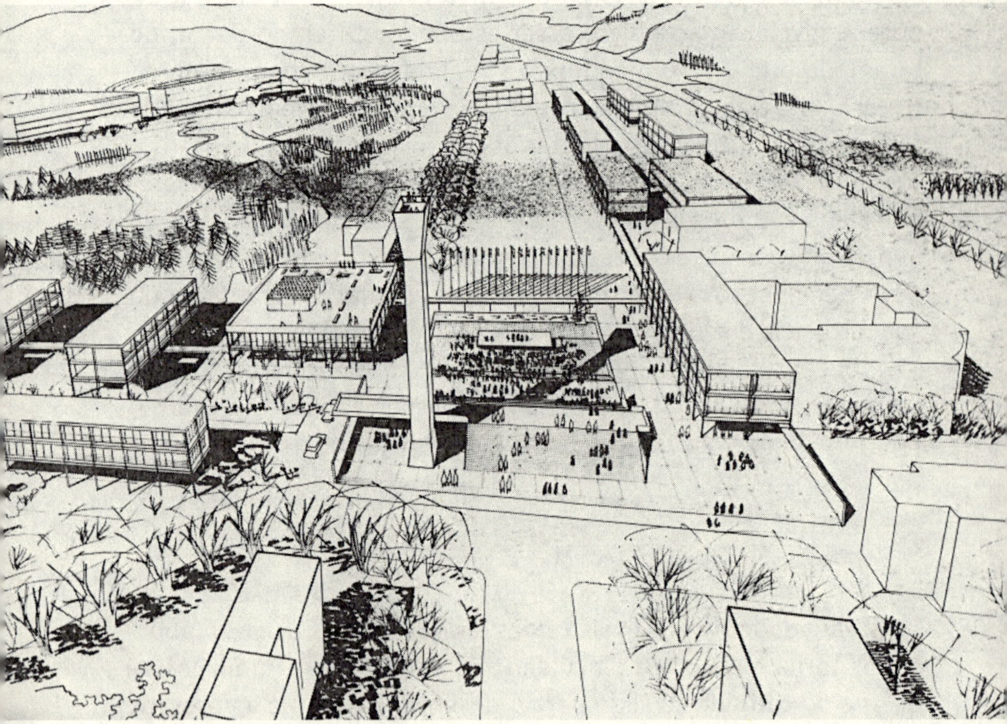

Imagem 3
'Plan director de la Ciudad Universitaria en Concepción. Emilio Duhart. 1957-1962', p. 32. Junho de 2006. Autor: Cristián Berríos.
Fonte: Cristián Berríos.

Tomaremos como exemplo os trabalhos de Mamen Escorihuela e de Glenn Deulofeu. O trabalho sobre Saragoça de Mamen está organizado em quatro rotas diferentes pela cidade. Cada capítulo começa com um plano de área em que se indicam os edifícios destacados, que são apresentados com mais detalhes na continuação. Trata-se de módulos de informação formados por uma ou duas páginas por obra, constituídas por uma fotografia realizada pela estudante, acompanhada dos dados da rua e o número, o arquiteto e a data de construção, e um breve comentário sobre qual é o valor que é dado ao edifício. O trabalho de Glenn sobre a sala do decano do Colégio de Arquitetos é organizado em torno da apresentação exaustiva do projeto de um pequeno espaço interior. Cada página dupla dá conta de um episódio – as cadeiras, a mesa, a lâmpada –, apresentado em contraste cuidadoso entre a colocação lado a lado do desenho original e uma imagem contemporânea, tirada por ele próprio, ou da época, tirada pelo fotógrafo Català-Roca. Isso é acompanhado com a apresentação de outros projetos similares dos mesmos autores, bem como a apresentação das propostas para outras plantas do mesmo edifício, destinadas a outros usos e de outros arquitetos.

Dada a importância que terá a documentação gráfica nestes trabalhos e dada a nossa formação de arquitetos, é necessário apontar a capacidade das sequências gráficas para estruturar o trabalho e a capacidade do receptor para reconhecê-la. A elaboração do material gráfico contém informação de nossos juízos: não só a memória escrita que acompanha o dossiê, mas também a escolha das imagens, a sequência em que são apresentadas, o desenho de plantas e seções ou o detalhe construtivo destacado dão conta do grau de compreensão do projeto por parte do pesquisador. A tarefa de escolher, editar e ordenar o material é fundamental para exibir de forma verdadeira e efetiva os valores arquitetônicos do trabalho. O fato de mostrar pranchas e imagens de bom tamanho, aproveitando os limites do papel, oferece ao leitor a possibilidade de fixar o olhar e identificar mais coisas do que o autor do trabalho se refere. O texto pode acompanhar o olhar sobre os documentos, indicar onde se observa o que está destacado, onde se pode verificar o que é dito.

O texto deve ser rigoroso e evitar imprecisões. Normalmente, acontece que o discurso é tão genérico que a imagem que o acompanha pode ser substituída por outra absolutamente diferente sem ser afetado. A prova de que texto e graficação são necessários será a impossibilidade de mudar um e outro sem que o discurso perca o significado.

Isso supõe cuidar da diagramação de cada página ou página dupla como uma unidade de conteúdo que a vista reconhece em um rápido olhar, como se fossem as folhas de um projeto. A informação de um desenho é multiplicada pela colocação da contrapartida apropriada. Pelo contrário, a falta de estrutura na comparação e na apresentação dos documentos pode dificultar e impedir completamente reconhecer certos fatos arquitetônicos.

Em relação aos conteúdos essenciais, vale a pena mencionar uma nota prévia inicial com justificação da necessidade do trabalho, um índice com o desenvolvimento dos capítulos, uma bibliografia selecionada e uma lista com créditos das imagens.

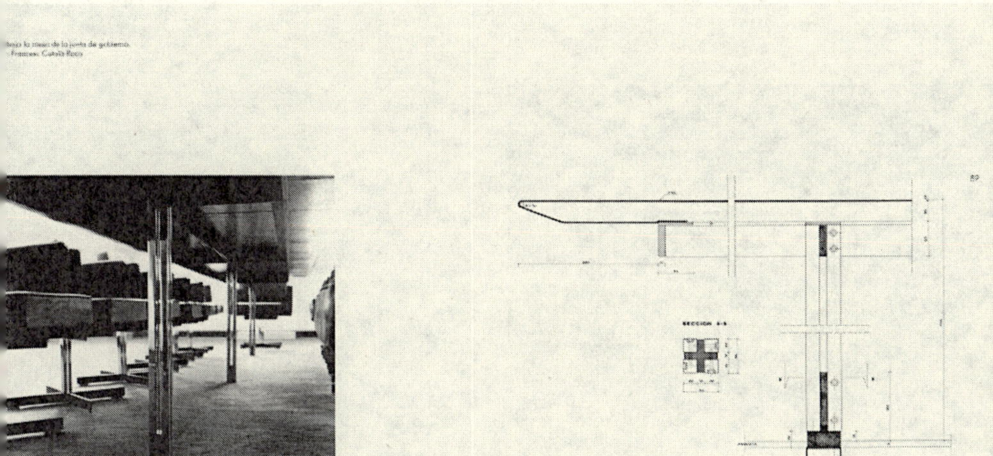

Imagem 4
'Fargas y Tous: Decanato del Colegio de Arquitectos de Cataluña y Baleares', p. 88-89, junho de 2006. Autor: Glenn Deulofeu.
Fonte: Glenn Deulofeu.

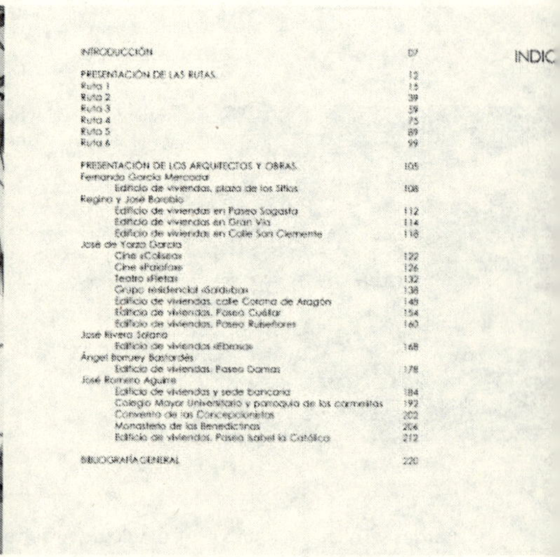

INDIC

Imagem 5
'Zaragoza. Miradas Intensivas', p. 112-113. Capa e índice. Junho de 2005. Autor: Mamen Escorihuela.
Fonte: Mamen Escorihuela.

Imagem 6
'Zaragoza. Miradas Intensivas'. P 112-113. Junho de 2005. Autor: Mamen Escorihuela.
Fonte: Mamen Escorihuela.

É conveniente iniciar o trabalho com uma nota prévia sobre a forma como se chegou ao tema, os antecedentes que levaram a direcionar a atenção para esse assunto, o material com o qual se presume contar para iniciar, a bibliografia localizada. Há de se expor o modo como o material inicial foi elaborado, as fontes de consulta e informação e o ponto de vista com o qual o estudo é abordado.

Antes de entrar em precisões, é conveniente caracterizar brevemente o projeto em geral e, com a referência da proposta definitiva, fazer o caminho inverso. No caso de dispor de croquis anteriores, será possível fazer uma hipótese da evolução e do caminho seguido até a solução definitiva; se se trata de um projeto com várias versões, elas poderão ser comparadas entre si, etc.

Um breve capítulo deve colocar a obra em relação com o resto da produção do arquiteto: indicar seus precedentes, identificar critérios comuns ao resto de seu trabalho ou a contribuição que traz o caso concreto. Colocá-lo em relação a outros edifícios contemporâneos esteticamente análogos restaurará seu sentido histórico.

A bibliografia existente sobre o assunto será anexada, selecionada e devidamente avaliada, bem como uma lista de créditos dos documentos.

Imagem 7
'Casa Ballbé, Barcelona 1961-1963. Fargas y Tous Arquitectos'. Capa. Junho de 2002.
Autores: Marcos Jobim e Silvana Carlevaro.
Fonte: Marcos Jobim e Silvana Carlevaro.

ANÁLISE DO PROJETO

PRECISÕES

À continuação são oferecidas orientações úteis quando o trabalho de pesquisa se concentra no exame de um determinado edifício. No entanto, devemos estar conscientes dos fatores que podem influenciar as possibilidades e a relevância da análise, que dependem tanto do próprio edifício quanto do material que conseguimos coletar. Cada projeto levanta suas próprias perguntas. Portanto, dependendo do trabalho a ser estudado e dos documentos disponíveis, precisaremos modular o roteiro proposto. Os aspectos que se pretende destinar podem e devem ser ajustados: incorporá-los se necessário, ou atrasá-los quando seja relevante, e dispensar aqueles que não o são.

Podemos nos deparar com várias circunstâncias que sugerem abordagens diferentes de aproximação: se o projeto foi construído ou não; se é um projeto desenvolvido em sua fase executiva ou é uma proposta desenvolvida como um anteprojeto, que às vezes é a base de projetos posteriores; se, tendo sido ele erguido, ainda está em uso, ou foi modificado ou demolido; se o edifício está situado na área urbana ou em um meio rural, etc.

Também dependendo da documentação, será possível se concentrar em um aspecto ou outro: se os croquis das fases iniciais ou versões preliminares do projeto estiverem disponíveis, será possível explicar a gênese e a evolução da proposta, das alternativas contempladas, dos critérios que acabam prevalecendo; se os desenhos arquitetônicos não forem suficientes, mas se se dispõe de imagens adequadas que permitam restaurá-los, se poderá fazer um levantamento gráfico do edifício; por outro lado, se o projeto esboçado estiver disponível, mas o prédio não existe mais ou não foi construído, a pesquisa pode levar a uma simulação de renderização tridimensional.

Em suma, o estudo deve reconhecer e destacar as diretrizes do projeto, os critérios orientadores, os elementos básicos da concepção e a hierarquia e o alcance das decisões.

Assim, quando Marcelo Faiden se aproxima do edifício Castelar do arquiteto Rafael de la Hoz, o trabalho para nas questões tecnológicas que a envoltória dupla envidraçada e o sistema estrutural suscitam em relação à brilhante configuração volumétrica do edifício e sua implantação no local. Para isso, apresenta numerosas imagens da construção do prédio em paralelo com os detalhes construtivos, acompanhados de comentários extraídos dos relatórios de obra. Não é necessário entrar com o mesmo grau de detalhe em outros aspectos construtivos como pavimentos, escadas interiores, coberturas, etc., para caracterizar adequadamente o edifício.

Imagem 8
'Edificio Castelar. La-Hoz'. Capa. Junho de 2004. Autor: Marcelo Faiden.
Fonte: Marcelo Faiden.

INFORMAÇÃO DO PROJETO

Como se adiantava no capítulo anterior sobre a compilação de material, a pesquisa requer realizar a busca de documentação que permita visualizar o edifício o melhor possível. Insistimos que a abordagem deve ser o mais direta possível: através do exame e da descrição da sua realidade física, para ver o que realmente existe, e não através da revisão dos comentários críticos sobre tal realidade.

Para isso, é importante acessar os documentos originais e rastrear sua publicação em revistas e livros contemporâneos. No melhor dos casos, o arquivo pessoal do arquiteto pode ser acessado: em seu próprio escritório ou em alguma instituição que se encarregou de sua gestão e conservação. No entanto, como já foi avisado, não importa tanto ter tudo quanto estar ciente do que se tem e do que falta.

Em qualquer caso, é aconselhável fazer uma tipificação do material que encontramos. Frequentemente, projetos para um mesmo trabalho realizado com diferentes missões não coincidem: permissão municipal, construção, promoção comercial ou publicação. É necessário distinguir entre o material original ou próximo ao momento de desenvolvimento do projeto, elaborado pelo próprio arquiteto e seus colaboradores, e o material preparado por outros críticos. Este último pode incorporar dados que alteram a finalidade original do autor, conter erros ou ter sido feito de modo aproximado. No material preparado pelo próprio arquiteto, é possível distinguir entre o que se produz para uso privado e o que se produz para distribuição pública, que pode introduzir simplificações, etc. Além disso, possivelmente as fotos do edifício feitas na época mostrarão, de forma mais aproximada, a vontade do autor, tanto por seu ponto de vista como pela seleção do material com o consentimento do autor. Ao longo dos anos, aumentam as probabilidades de que se tenham incorporado mudanças no trabalho que alterem a imagem original. Fotografias subsequentes podem responder de pior maneira aos critérios do arquiteto.

Levando em conta que também o enquadramento do motivo supõe um julgamento estético é importante tomar nota do autor da imagem. Os fotógrafos desempenharam um papel essencial no conhecimento e na difusão da arquitetura moderna: são notáveis os casos de Català-Roca, Kidder-Smith, Julius Schulman, Ezra Stoller, entre outros. Se a experiência direta é possível, é aconselhável tomar seu próprio registro gráfico, pois responderá ao nosso próprio julgamento.

As fotografias feitas durante o curso das obras podem ser de grande interesse, já que podem revelar estruturas de ordem ou elementos construtivos que fiquem implícitos e não sejam evidentes no trabalho acabado, mas que sejam indispensáveis para sua formalização.

Quanto aos documentos escritos, também é aconselhável separar os contemporâneos das obras dos mais distantes no tempo. O relatório descritivo e técnico do autor do projeto ou outras declarações dele, em respostas a entrevistas, correspondência privada, conferências, debates, etc., são documentos de interesse. Se houver uma possibilidade de contato pessoal, questões podem ser levantadas diretamente para o autor; em qualquer caso, no momento da entrevista, deve-se ter um conhecimento ágil do projeto para não perguntar obviedades.

Em resumo, trata-se de registrar todos aqueles dados que podem dar conta dos detalhes da configuração do edifício.

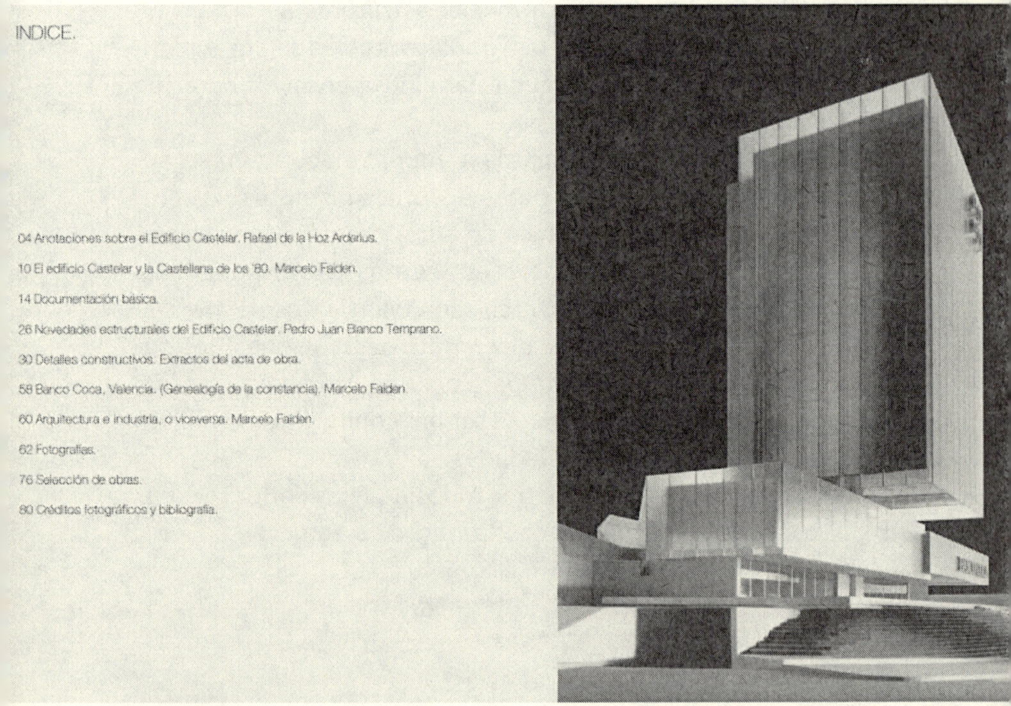

INDICE.

Imagem 9
'Edificio Castelar. La-Hoz'. Indice. Junho de 2004. Autor: Marcelo Faiden.
Fonte: Marcelo Faiden.

EDIÇÃO E TRATAMENTO DE MATERIAL

É essencial digitalizar com a melhor qualidade possível todos os documentos, sejam desenhos arquitetônicos, imagens ou textos. Desta forma, é possível manipular, editar e publicar posteriormente. Os critérios de digitalização, nomenclatura, forma e tipos de arquivo são referidos em capítulos posteriores.

O material coletado pode ser simplesmente reproduzido, acompanhado das indicações necessárias, ou pode ser completado e usado como base para elaborações posteriores: superposição de diferentes versões, formação de séries com desenhos de soluções equivalentes, limpeza e retoque digital, etc. Em qualquer caso, embora os planos originais sejam conservados em boas condições, é recomendável redesenhar pranchas, elevações, seções e o detalhe construtivo característico. O novo desenho tem que manter a fidelidade ao original, mas não ser um rastreamento simples do layout original: ele deve fornecer a espessura da linha, as hachuras e o dimensionamento apropriado para realçar as circunstâncias do projeto que se deseja destacar.

Alguns exemplos podem esclarecer o dito recentemente. Maximiliano Lucas Bolotner trabalhou na Casa Statslanhus (1958), de Arne Jacobsen. Este é um projeto não construído do qual se preserva um anteprojeto que conta com a prancha de desenho arquitetônico, elevações, seções e uma perspectiva frontal. O aluno, ao extrapolar soluções construtivas de projetos semelhantes do mesmo autor e desses mesmos anos, é capaz de propor o desenho completo da casa e sua visualização de vários pontos de vista. Quando a coloca no contexto de seus projetos de habitação daqueles anos, entre a Casa Moller (1950) e a Casa Gertie Wendells (1962), o exercício realizado mostra certos aspectos da evolução das habitações unifamiliares do arquiteto dinamarquês, que, de outra forma, seriam pouco evidentes.

Os trabalhos de Leonardo Moad, por um lado, e de Marcos Jobim e Silvana Carlevaro, por outro, oferecem novos exemplos ilustrativos das diferentes possibilidades que oferecem estados de documentação bem diferentes.

Leonardo Moad estuda a Casa Rodríguez (1963), do arquiteto Antonio Attolini, localizada no bairro El Pedregal, na Cidade do México. O autor trabalha a partir de uma única prancha de fundações, que incorpora a rede de saneamento. Tal prancha é a única referência que é mantida da casa no arquivo pessoal do arquiteto, tendo sido extraviado o resto. No entanto, as inúmeras imagens da casa acabada e das obras permitem restaurar as pranchas de desenhos arquitetônicos, as elevações e as seções construtivas que fornecem a descrição exaustiva desta notável habitação, documentação que se havia perdido para sempre.

Uma tarefa muito diferente é realizada por Marcos Jobim e Silvana Carlevaro sobre a casa Ballvé (1961-1963) dos arquitetos Fargas e Tous em Barcelona. Os estudantes têm acesso ao projeto executivo completo da casa no arquivo pessoal dos arquitetos. Trata-se de desenhos de muita qualidade, muito bem preservados e que fornecem a descrição completa da casa. Em seu trabalho de pesquisa, Marcos e Silvana reproduzem diretamente o material original, previamente digitalizado, e selecionam e organizam desenhos e imagens. A sequência apropriada e os comentários corretos que acompanham os documentos gráficos apresentam efetivamente a proposta do arquiteto e permitem a compreensão ajustada da obra de arquitetura.

Imagem 10
'Casa Statslanhus – Proyecto, 1958', p. 79. Junho de 2006. Autor: Maximiliano Lucas Bolonter..
Fonte: Maximiliano Lucas Bolonter..

RECONHECIMENTO DA ARQUITETURA DO EDIFÍCIO

Na continuação, é citada uma série de aspectos em que uma análise cuidadosa deve ser feita. Deve-se ressaltar que as questões levantadas são úteis para a análise de projetos ou obras construídas de arquitetura moderna a partir das primeiras décadas do século XX e que se levantam desde a prática profissional do projeto na atualidade. Os fatores construtivos e a ordem em que a revisão é proposta podem resultar ineficazes e inapropriados de acordo com o tipo de obra.

O olhar atento deve ser direcionado para esclarecer a ordem interna do projeto, e não para a simples detecção das características figurativas mais óbvias para estabelecer sua semelhança com os outros. A investigação proposta consiste em se colocar no lugar do autor da obra que se deseja conhecer e reprojetar o edifício se perguntando qual era o terreno disponível, que programa deveria ser alojado, quais seriam as possibilidades de organizar o volume em relação à superfície e ao perímetro do solo dado, que sistemas construtivos convocar, etc. Assim, para começar o estudo, é necessário extrapolar o projeto para o momento inicial e destacar as circunstâncias prévias à intervenção, que seriam de dois tipos: por um lado, as condições *a priori* do terreno e do programa e, por outro lado, a experiência prévia do arquiteto até o momento. Pode parecer muito pretensioso ser um coautor e, de fato, será improvável retornar ao imaginário do criador original, em seu espaço mental insondável, e acessar todos os seus motivos, profundos ou fortuitos, especialmente em uma primeira aproximação; por esta razão, propõe-se situar-se no espaço real, na resolução material efetiva do problema arquitetônico específico que supõe organizar certas questões em um determinado local. A pesquisa de Marcos Jobim e Silvana Carlevaro sobre a Casa Ballvé (1961-1963), de Fargas e Tous, ilustrará o resto do capítulo.

Implantação e programa

A análise da obra ou do projeto deveria começar por descrever as condições geográficas e geométricas do lugar de localização, não apenas as atuais, mas as existentes no momento em que ocorreu a intervenção do arquiteto. Será necessário levar em consideração os seguintes aspectos:

a) Posição do terreno na cidade, ruas circundantes, possibilidades de acesso, características dos bairros.
b) Extensão da superfície, dimensões e geometria do perímetro, condições dos limites.
c) Topografia, presença de construções ou vegetação, e registrar seu tipo, altura, densidade. Condições climáticas relevantes: orientação solar, intervalo de temperaturas, regime de chuvas ou ventos, sismicidade.
d) Programa funcional que o prédio tinha que acomodar: superfícies total e parciais, lista de usos previstos, características e correlações.

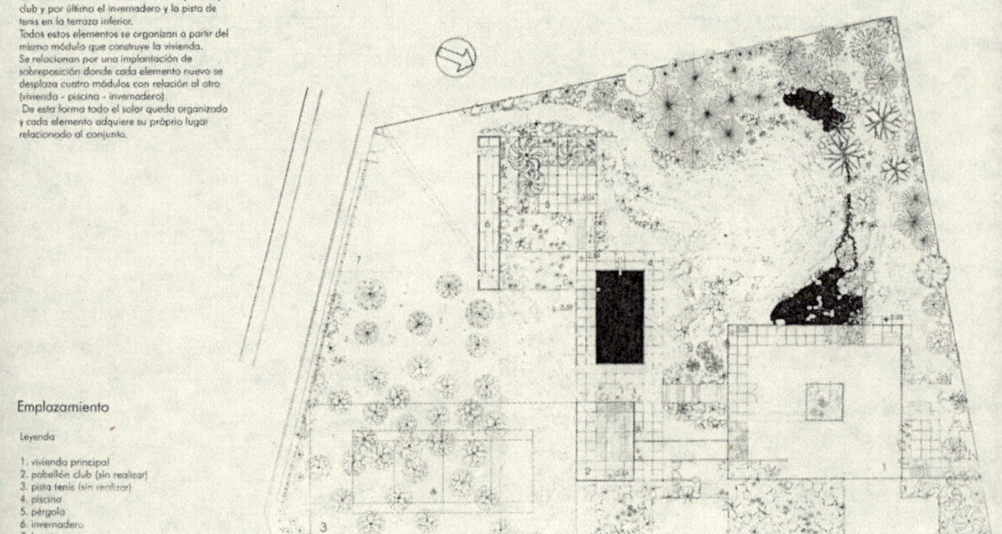

Imagem 11

'Casa Ballbé, Barcelona 1961-1963. Fargas e Tous Arquitectos', p. 15. Junho de 2002.
Autores: Marcos Jobim e Silvana Carlevaro.
Fonte: Marcos Jobim e Silvana Carlevaro.

Configuração do edifício

A análise deve explicar a solução arquitetônica da distribuição de volumes em relação ao programa e ao terreno. É importante ter em conta que as regulamentações urbanas de cada local, quando apropriado, podem impor condições que determinam o volume em termos de altura, profundidade ou alinhamentos.

a) Distribuição dos volumes em relação ao programa funcional: se é evidente ou oculto. Ou seja, se as funções estão localizadas em corpos diferenciados ou se encontram sem externalização explícita; se o volume é definido por agregação ou subtração. Identificação de áreas e correspondência entre elas, número de pisos e alturas, espaços de circulação e acessos.
b) Ocupação em planta em relação à superfície da parcela e dos espaços livres, relação com os acessos e as construções e os espaços adjacentes.
c) Determinação da cota do nível térreo do edifício em relação à topografia do terreno e ao espaço público a partir do qual é acessado.
e) Organização dos espaços livres: limites da intervenção, tratamento das medianeiras, se aplicável.

Identificação dos componentes básicos do projeto

Trata-se de identificar os elementos básicos de construção que constituem o edifício, as relações entre eles e seu papel formal na ordenação geral do edifício.

a) Sistema portante: se é aparente e tem um propósito formal ou está oculto. Em qualquer caso, é necessário atender à sua situação em relação às vedações externas e em relação aos elementos da distribuição interior, a distância entre os suportes, a existência e o comprimento dos balanços e a modulação.

b) Vedação externa: componentes básicos do sistema, materiais, transparência ou opacidade; presença de módulos fixos ou praticáveis e suas dimensões; ventilação e iluminação que proporciona ao interior; modo de fixação à estrutura: relação com a borda das lajes, arremate superior em relação à cobertura e assentamento no terreno. Texturas e cores.

c) Cobertura: se é manifesta ou implícita, a possibilidade de acesso (se é transitável ou não), o material de acabamento, a solução perimetral, o recolhimento de água.

d) Divisões internas: relação com a estrutura vertical e horizontal e com a fachada. Elementos móveis, materiais, revestimentos, suas qualidades e cores, transparência, modulação de placas.

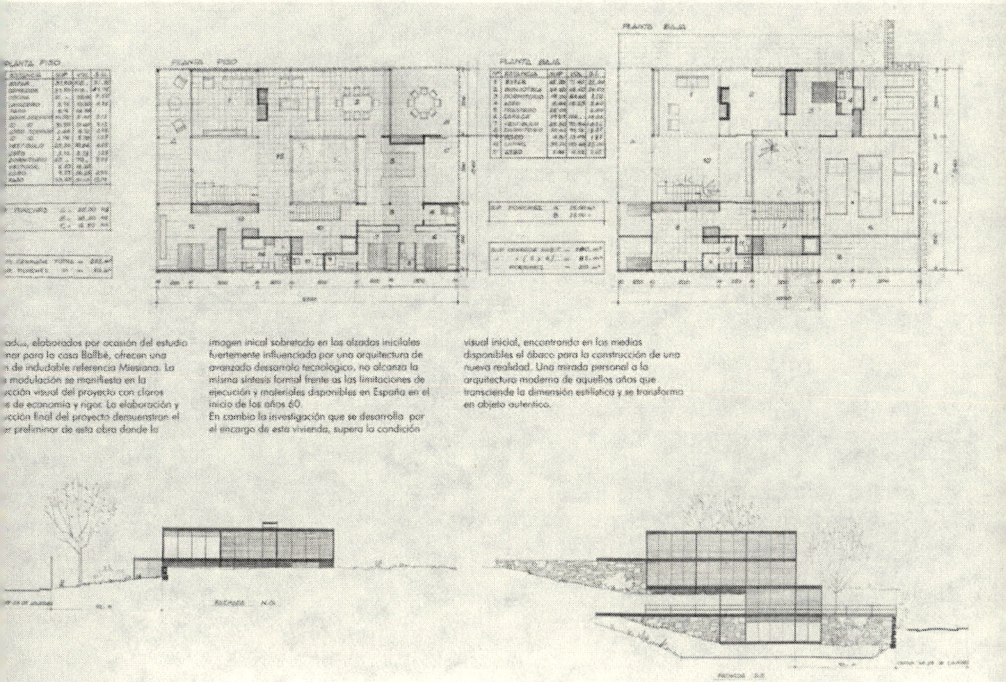

Imagem 12
'Casa Ballbé, Barcelona 1961-1963. Fargas y Tous Arquitectos', p. 13. Junho de 2002.
Autores: Marcos Jobim e Silvana Carlevaro.
Fonte: Marcos Jobim e Silvana Carlevaro.

Foto de la casa en construcción. (17)
La estructura del forjado de la planta piso es proyectada hacia el exterior acompañando el balcón. De esta forma se reconstruye la línea de la fachada.
En este caso los pilares quedan hacia adentro y la cubierta también queda en voladizo.

En la foto de la fachada principal (18) la estructura queda bien marcada exteriormente con pilares y vigas que se proyecton para crear la terraza.
Aquí se ve la modulación de 4,95m en tres crujías, abriéndose hacia las vistas de la ciudad.

Imagem 13
'Casa Ballbé, Barcelona 1961-1963. Fargas y Tous Arquitectos', p. 21. Junho de 2002.
Autores: Marcos Jobim e Silvana Carlevaro.
Fonte: Marcos Jobim e Silvana Carlevaro.

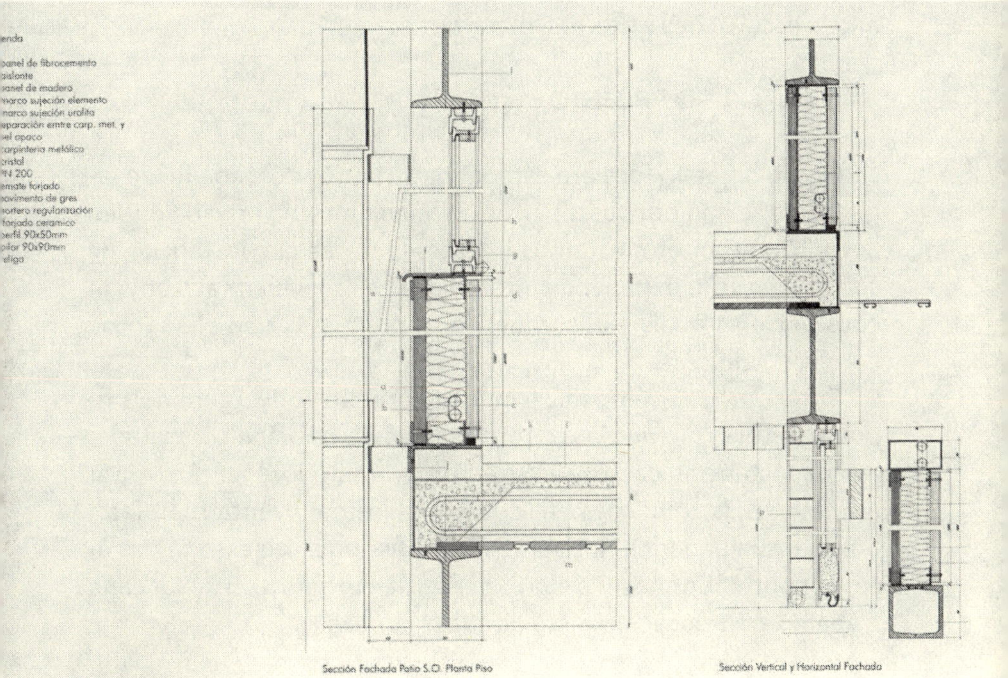

Imagem 14
'Casa Ballbé, Barcelona 1961-1963. Fargas y Tous Arquitectos', p. 23. Junho de 2002.
Autores: Marcos Jobim e Silvana Carlevaro.
Fonte: Marcos Jobim e Silvana Carlevaro.

a) Escadas: situação em planta e desenvolvimento, sistema de apoio, recepção com o nível superior e inferior, distribuição e solução de degraus – material, fixação, tamanho, relação com a estrutura –, proteções laterais.

b) Pavimentos e forros: material, cores, texturas, paginação, modulação, rodaforro.

c) Iluminação de espaços interiores: natural e artificial.

d) Mobiliário: se foi projetado pelo arquiteto, disposição.

e) Tratamento de espaços externos: limite com o espaço público, pavimentos, distribuição da vegetação – variação ao longo do ano –, escavações e aterros, plataformas.

O AUTOR DO PROJETO

Nosso objetivo foca em estudar os atributos do trabalho de arquitetura, e não em buscar exemplaridade na vida privada de seu autor. Do arquiteto, estamos interessados nas circunstâncias de sua formação e experiência profissional que revelam as convenções entre as quais ele se movia e as premissas que ele adotou como critério.

Entendemos que no início de cada projeto convergem dois tipos de fatores prévios: as condicionantes do trabalho contratado, as circunstâncias dadas – cliente, programa e localização –, por um lado, e as condições em que o arquiteto enfrenta o projeto, ou seja, sua bagagem intelectual e profissional até esse momento, por outro. Conhecer a sua experiência permitirá observar cada trabalho em relação ao resto da sua produção.

Biografia

São dados relevantes da biografia o local e o ano de nascimento, para situar o autor entre os de sua própria geração. Além disso, é importante conhecer o local onde desenvolveu seus estudos e a natureza deles: tipo de educação arquitetônica, seja acadêmica, tecnológica ou artística – ou se não recebeu formação universitária alguma –, e também quem foram seus professores. Assim como se realizou estudos complementares, viagens de estudos, etc. É interessante contrastar os amigos que formavam seu círculo de relacionamento com aqueles que compartilhava formas de proceder antes do projeto arquitetônico.

Também deve ser incluído o ano em que obteve o título de arquiteto, o ano de início da prática profissional independente, sua experiência anterior em outros escritórios, as colaborações com outros arquitetos. Outras responsabilidades profissionais podem ser a dedicação ao ensino, a publicação de livros ou revistas, as palestras pronunciadas, a organização de exposições ou os cargos em instituições de ensino ou profissionais.

Também se mencionarão os prêmios e as distinções relevantes que tenha recebido, mas isso não será o mais importante para justificar no trabalho a qualidade da sua obra, o que, como já vimos, terá que ser provado em objetivos arquitetônicos.

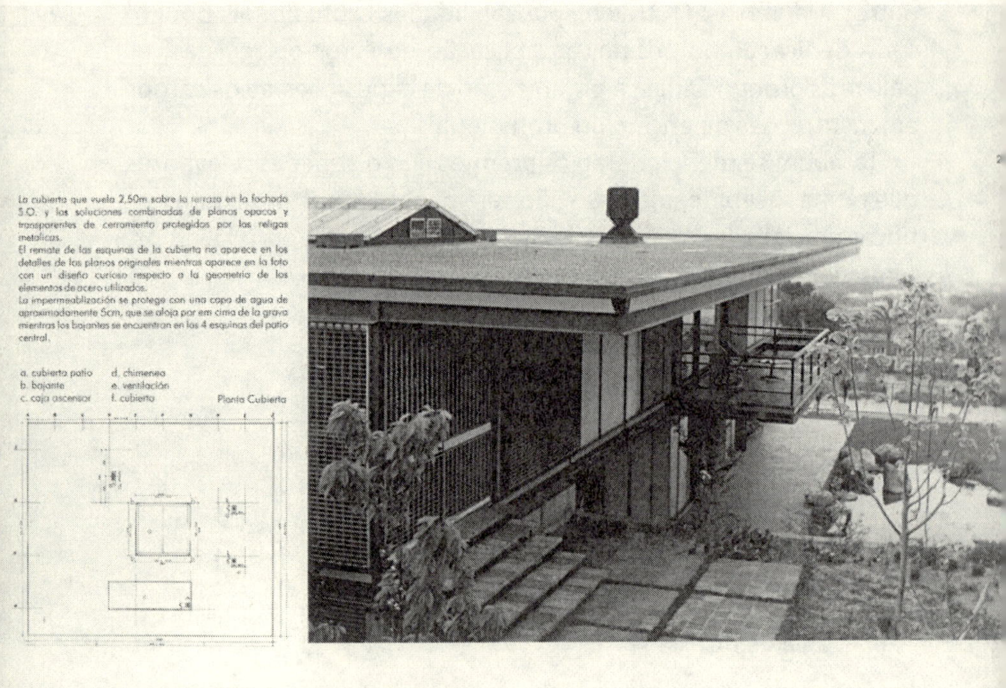

La cubierta que vuela 2,50m sobre la terraza en la fachada S.O. y las soluciones combinadas de planos opacos y transparentes de cerramiento protegidos por las religas metalicas.
El remate de las esquinas de la cubierta no aparece en los detalles de los planos originales mientras aparece en la foto con un diseño curioso respecto a la geometria de los elementos de acero utilizados.
La impermeablización se protege con una capa de agua de aproximadamente 5cm, que se aloja por em cima de la grava mientras los bajantes se encuentran en las 4 esquinas del patio central.

a. cubierta patio
b. bajante
c. caja ascensor
d. chimenea
e. ventilación
f. cubierta

Planta Cubierta

Imagem 15
'Casa Ballbé, Barcelona 1961-1963. Fargas y Tous Arquitectos', p. 21. Junho de 2002.
Autores: Marcos Jobim e Silvana Carlevaro.
Fonte: Marcos Jobim e Silvana Carlevaro.

a de la iluminación aparece con distintos
ientos en los distintos ambientes de la casa.

ución de la línea de lamparas fluorecsentes
s tras un perfil "U" sujetado a los modulos
cturales, puede adaptarse a 2 modulos o 3
la dimensión del espacio, como un
orio o una sala de estar por ejemplo.
ovechamiento del sistema modular para el
de las luminarias o muebles demuenstra
ran economia de medios para realizar las
siones del proyecto
tegración der los sistema estructurales
ales a los elementos de iluminación
stan la visualidad consistente del la casa en
dida que establece la relación de las partes
í e con el todo.

cepción del sistema propuesto, son los
arias de la zona de estar que utiliza una caja
ca de los ductos de aire acondicionado que
para soportar a lineas de luminarias
scentes
ución aparece demasiado aparatosa y no
a la propuesta con la misma consistencia que
uciones anteriores.
a forma de iluminar que genera zonas de
a junto a los muebles y circulación
icos, además de usar um tipo de lampara
a temperatura de color demasiado elevada
na zona de estar..
nas de estar merecen una iluminación de
amarilla e mas calido como las lamparas
scentes por ejemplo.

Imagem 16
'Casa Ballbé, Barcelona 1961-1963. Fargas y Tous Arquitectos', p. 45. Junho de 2002.
Autores: Marcos Jobim e Silvana Carlevaro.
Fonte: Marcos Jobim e Silvana Carlevaro.

Los muros exteriores de cristal tratan de especificar los limites entre las zonas privadas de los jardines, terrazas externas y la mirada ajena desde la calle.
En la medida que construye una nueva realidad, viola la utilización corriente del material que usualmente separa los espacios interiores y exteriores de una casa.
En cambio demuenstra que para crear un ambito externo y separar una zona publica de una privada solo bastan unos pares de montantes metalicos y unas laminas de vidrio.

Las dos terrazas, superior de servicios y inferior junto a la piscina estan limitadas por los muros de cristal mientras que el club en la planta sotano, se aprovecha de la extensión del muro de hormigón para limitar el jardin que se organiza adelante, hasta el inicio del pavimento de la terraza de la piscina.

Imagem 17
'Casa Ballbé, Barcelona 1961-1963. Fargas y Tous Arquitectos', p. 4. Junho de 2002.
Autores: Marcos Jobim e Silvana Carlevaro.
Fonte: Marcos Jobim e Silvana Carlevaro.

Catálogo de obras

O fato de dispor do registro gráfico de uma parte significativa da produção do arquiteto nos permitirá situar o objeto de estudo em relação aos seus precedentes e com os sucessivos.

Tendo em vista toda a produção, é muito mais fácil reconhecer os elementos comuns da produção e a forma de proceder ao abordar o projeto arquitetônico. Comparar soluções similares em diferentes contextos de localização e programa facilita a análise minuciosa das possibilidades do sistema pela mão do próprio autor: variações, extensões e limitações. Detectar um critério de projeto em uma obra diferente serve para caracterizá-lo de forma mais geral; localizar casos particulares de um mesmo princípio é o primeiro passo para caracterizá-lo como um critério universal.

Se o registro de certo número de projetos estiver disponível, será possível agrupar e comparar a obra conforme convenha e estabelecer paralelos de dimensões, programa ou implementação.

Um catálogo gráfico da obra será preparado com o mais representativo do autor, com duas imagens por obra – foto ou perspectiva e planta, e indicação do ano de início do projeto, do ano de conclusão da construção e do nome e situação do projeto.

Entrevista

Se se tem acesso ao personagem, se pode realizar uma entrevista pessoal. Existem técnicas para realizar entrevistas orais: protocolos de perguntas para entrar na vida de um personagem. Isso será útil para estabelecer os dados básicos da pessoa de forma ordenada, no caso de personagens não amplamente reconhecidos publicamente, dos quais não há biografias ou outras referências; do contrário, a relevância de tal procedimento será questionável. Se ele foi entrevistado em outras ocasiões, as entrevistas publicadas podem ser avaliadas.

Quando se trata de levantar questões é necessário ser preciso, claro nas perguntas e empatizar com as respostas. Você obterá informações mais ou menos úteis dependendo de como o questionamento for orientado. Deve-se ter em mente a possibilidade de que muitos anos tenham se passado e que as circunstâncias sobre as quais se questionam e a percepção dos fatos possam ter mudado. Os seus julgamentos atuais podem não ser os mesmos de quando fez o projeto que nos interessa e, neste momento, pode estar interessado em outra versão dos fatos, pelo que se deve manter o respeito e a distância crítica com seus critérios e afirmações, embora pareça que eles não são os que nos convém.

Em relação ao vocabulário utilizado, é aconselhável estar ciente de que certos termos podem significar coisas muito diferentes para um arquiteto ou outro. Em qualquer caso, sempre que possível, deve-se tentar checar todos os dados com outras fontes.

Imagem 18
Os arquitetos Fargas e Tous nas obras da Casa Ballbé. Barcelona, 1961-1963.
Fonte: Arquivo Fargas i Tous Arquitectes Associats.

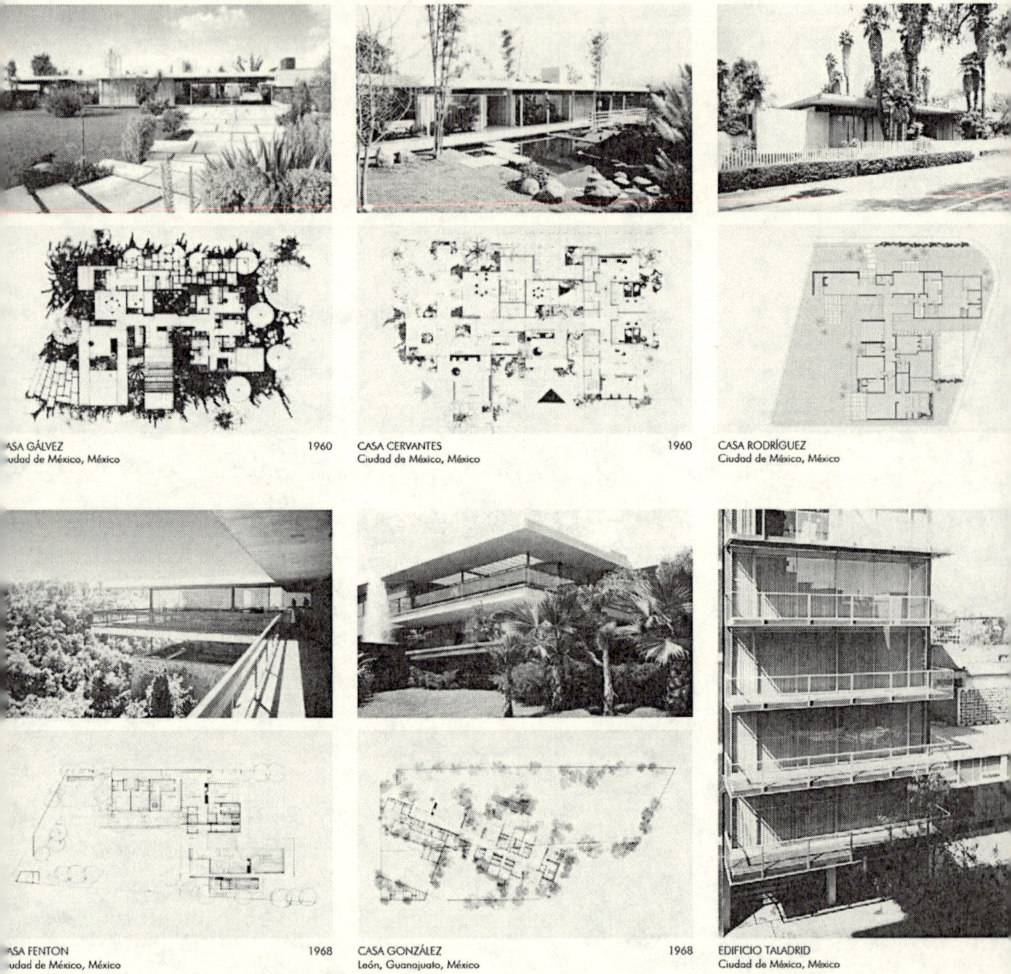

Imagem 19
"Exposición de Arquitectura Moderna en América Latina. Obra de Antonio Attolini", 2006.
Autores: Leonardo Moad e Grupo de pesquisa FORM.
Fonte: Grupo de pesquisa FORM.

APROXIMAÇÃO DE LIVROS E REVISTAS

LIVROS

Na maioria das vezes, usaremos o livro como objeto de consulta, embora também possa ser um assunto de pesquisa por si só. Para avaliar e contrastar seu conteúdo, é apropriado estimar adequadamente diferentes aspectos. Devemos ter uma clara consciência do que está sendo consultado, do contexto em que nos é oferecido, para fazer um bom uso da bibliografia. Um livro fornece mais informações do que o índice estritamente promete e, para aproveitá-las, deve ser dada atenção ao texto, mas também aos documentos gráficos, às páginas de cortesia iniciais, às notas, aos agradecimentos e outros anexos úteis, como a bibliografia, o índice onomástico, a lista de créditos de imagens, etc.

Os livros de arquitetura, bem como os de outras artes plásticas e visuais, tendem a ser profusamente ilustrados. Nesses casos, é importante valorizar a unidade de conteúdo que compõe texto e imagem, uma vez que cada página ou página dupla se converte em um módulo de significado em si mesma sem acompanhamento escrito. Assim como os comentários de texto são feitos, neste caso são pertinentes os comentários da imagem: cada documento se comunica pelo corte do quadro, pela sua relação com o do lado e pelo lugar que ocupa na sequência onde aparece. Normalmente, se associa a crítica ao discurso escrito, mas no caso da arquitetura a expressão gráfica é tanto ou mais relevante do que o texto quando se trata de valorizar um projeto. Este é o caso de uma das maiores compilações da produção arquitetônica moderna: o segundo volume da Enciclopédia da Nova Arquitectura de Alberto Sartoris (1954), dedicado à ordem e ao clima norte-americano[1], destina mais de 400 páginas a ilustrar a arquitetura da América Latina selecionando a obra de 45 arquitetos de diferentes países. Cada página comporta uma ou duas imagens e, em comparação, o texto inicial resulta totalmente irrelevante. As fotos, em sua maioria enviadas pelos próprios autores dos projetos, foram submetidas a um tratamento intenso quando foram adicionadas à edição, com o intuito de adaptá-las aos gostos arquitetônicos da Sartoris: reenquadramentos para eliminar referências ao entorno, reelaboração de céus para que contrastem com os volumes puros, supressão de figuras humanas, entre outros[2]. Tudo isso impacta na perspectiva que o livro procura na arquitetura que registra.

Autoria

Convém estar ciente da autoria do documento como um todo. O texto pode ser de um ou mais autores; pode haver um prólogo escrito por alguém que não seja o editor, ou um tradutor pode ter interferido se não for a versão original. Mas também será importante saber se as pranchas e os desenhos foram especificamente redesenhados para o livro ou são as pranchas distribuídas pelo arquiteto para sua divulgação, quem é o responsável pelo layout ou quem é o fotógrafo. Esses dados geralmente não aparecem na capa e devem ser pesquisados nas legendas de fotos, nas páginas de cortesia iniciais ou nas páginas finais de créditos.

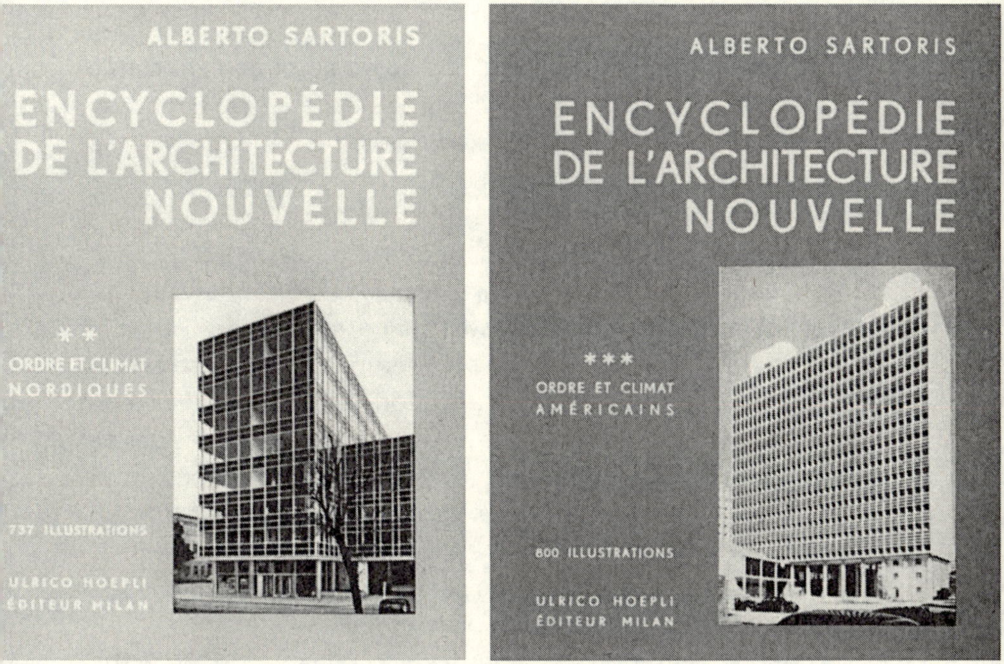

Imagem 20

Capas de 'Encyclopédie de l'architecture nouvelle, vol. II: "Ordre et climat nordiques", 1957'; e 'Encyclopédie de l'architecture nouvelle vol. III: "Ordre et climat américains", 1954'. Fonte: SARTORIS, Alberto. Encyclopédie de l'architecture nouvelle, vol. II: "Ordre et climat nordiques", 1957; vol. III: "Ordre et climat américains", 1954.

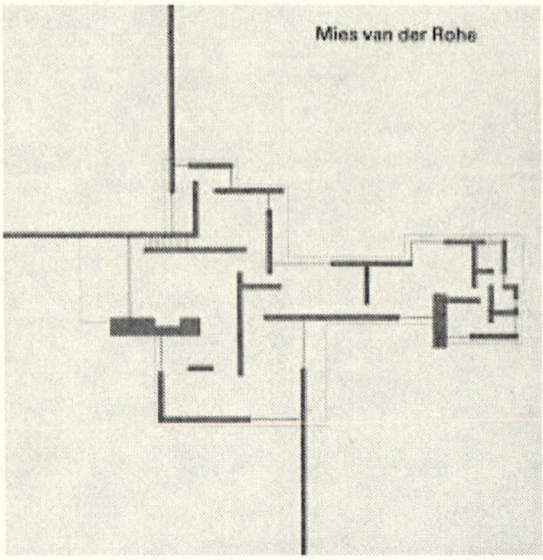

Imagem 21
'Mies van der Rohe. Die Kunst der Struktur', capa, 1965.
Fonte: BLASER, Werner. Mies van der Rohe. Die Kunst der Struktur, Zürich y Stuttgart: Verlag für Architektur, 1965 (Nova York: Praeger, 1965).

É essencial conhecer qual é a relação do autor do livro com o tema, seu perfil pessoal e profissional: dependendo do arquiteto, historiador ou designer, a orientação dos comentários e a seleção de temas variará.

É necessário saber se é o seu principal tema de estudo ou é uma abordagem lateral dos seus interesses gerais; se é o primeiro contato com o assunto ou é um especialista; se conhece de primeira mão o assunto de que se está falando; se se teve um relacionamento pessoal com o autor da arquitetura com a qual se está lidando, etc. Tudo isso proporcionará informações sobre sua credibilidade, competência e erudição no assunto. Às vezes, as abas ou a contracapa dão dados do autor, de outros livros dele mesmo ou até incorporam comentários críticos. Às vezes, um personagem diferente do autor do livro, de maior prestígio e credibilidade, ou equivalentes, escreve um prólogo para apresentar o autor ou o assunto, ou brilhar a oportunidade do conteúdo.

A obra de Werner Blaser, *Mies van der Rohe. A Arte da Estrutura* (1965), pode servir de exemplo para explicar o viés que pode tomar o conteúdo de um livro de acordo com quem seja o autor[3].

Uma rápida pesquisa bibliográfica resulta em Blaser como autor de numerosos livros e artigos, cerca de 90 registros, incluindo uma dúzia de livros sobre Mies. Dois deles são generalistas, *Less Is More* (1986) e *West Meets East* (1996), e outros formam uma coleção monográfica sobre diferentes projetos: *Lake Shore Drive Apartments* (1999), *Farnsworth House* (1999), *Crown Hall* (2001), *IIT Campus* (2002), *Federal Center* (2004), todos da editora Birkhauser da Basileia. Blaser, portanto, é um especialista no assunto e possui um autêntico projeto editorial sobre o arquiteto alemão.

O livro de 1965 foi o primeiro da série e deu origem a uma reedição na coleção de bolso Paperback da editora Gustavo Gili, em 1985, amplamente divulgada entre os estudantes. A perspectiva que Blaser dá é determinada pela sua formação como arquiteto e fotógrafo, e por sua relação com Mies. Blaser, arquiteto de origem suíça nascido em 1924, é o autor do texto, de muitas das fotografias e de muitos dos desenhos elaborados expressamente para a ocasião; da mesma forma, ele também é responsável pelo design da publicação com Hans Frei.

Blaser não é um pesquisador acadêmico, ao contrário de outros estudiosos como Franz Schulze, Wolf Tegethoff ou Fritz Neumeyer. Em seus livros, não é possível procurar citações ou referências bibliográficas; falta a precisão do historiador ou professor universitário dos anteriores. Por exemplo, comete o erro de entrelaçar a reprodução de desenhos originais com desenhos feitos por ele sem indicá-los expressamente. No entanto, se trata de um bom livro, por outros motivos.

Nos agradecimentos, Blaser explica sua permanência no escritório de Mies em Chicago em 1963-1964, sob cuja supervisão realizou as atualizações dos projetos, e foi ele quem deu sua aprovação ao conteúdo editado. De fato, a estrutura do livro parece responder ao interesse de Mies em reeditar um projeto editorial de 1944 com a editora Paul Theobald com o título Architecture: Structure and Expression, um projeto não realizado[4].

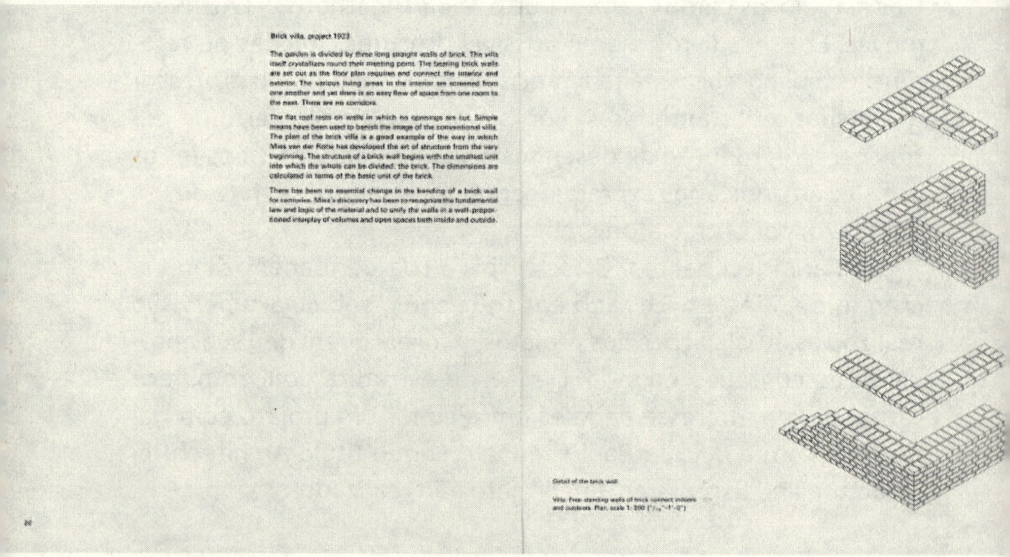

Brick villa, project 1923

The garden is divided by three long straight walls of brick. The villa itself crystallizes round their meeting point. The bearing brick walls are set out as the floor plan requires and connect the interior and exterior. The various living areas in the interior are screened from one another and yet there is an easy flow of space from one room to the next. There are no corridors.

The flat roof rests on walls in which no openings are cut. Simple means have been used to banish the image of the conventional villa. The plan of the brick villa is a good example of the way in which Mies van der Rohe has developed the art of structure from the very beginning. The structure of a brick wall begins with the smallest unit into which the whole can be divided: the brick. The dimensions are calculated in terms of the basic unit of the brick.

There has been no essential change in the bonding of a brick wall for centuries. Mies's discovery has been to recognize the fundamental law and logic of the material and to unify the walls in a well-proportioned interplay of volumes and open spaces both inside and outside.

Detail of the brick wall

Villa: Free-standing walls of brick connect indoors and outdoors. Plan, scale 1: 200

Imagem 22
'Mies van der Rohe. Die Kunst der Struktur', p. 21-22, 1965. Fonte: BLASER, Werner. Mies van der Rohe. Die Kunst der Struktur, Zürich y Stuttgart: Verlag für Architektur, 1965 (Nova York: Praeger, 1965).

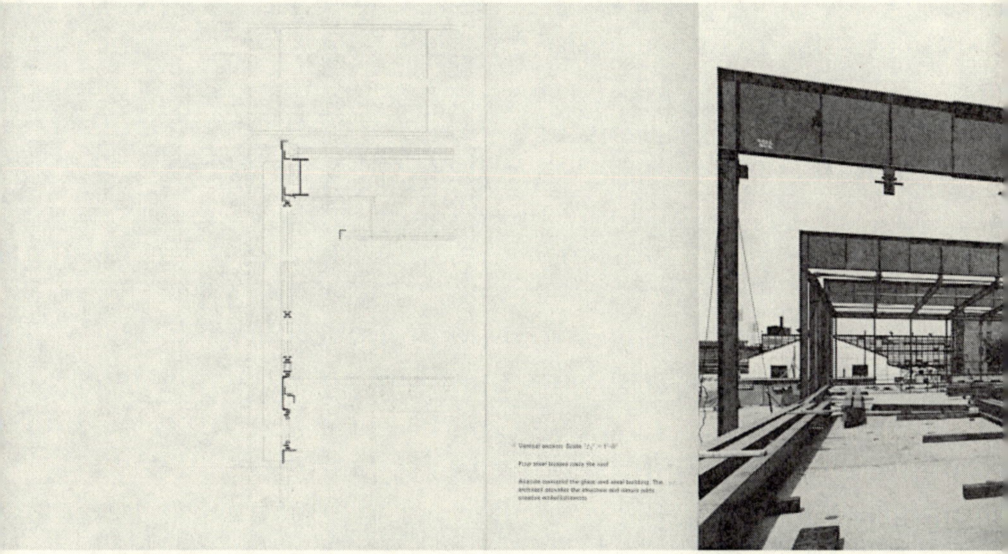

Imagem 23
'Mies van der Rohe. Die Kunst der Struktur', p. 88-89, 1965. Fonte: BLASER, Werner. Mies van der Rohe. Die Kunst der Struktur, Zürich y Stuttgart: Verlag.

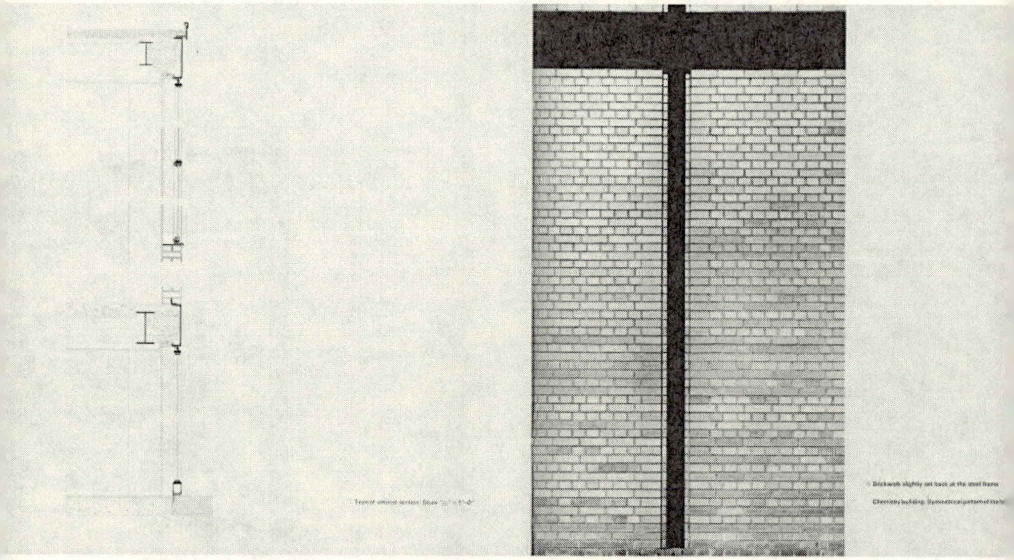

Imagem 24
'Mies van der Rohe. Die Kunst der Struktur', p. 69-70, 1965. Fonte: BLASER, Werner. Mies van der Rohe. Die Kunst der Struktur, Zürich y Stuttgart: Verlag.

Título, ano de publicação, número da edição

O título e o subtítulo, especialmente se for uma tradução, devem ser verificados com o original. As palavras deste podem dar pistas sobre a orientação do conteúdo e servirão para localizar outros livros semelhantes em uma pesquisa bibliográfica. O título na capa do livro de Werner Blaser, Mies van der Rohe, é acompanhado pelo subtítulo, A arte da estrutura, que aponta a perspectiva abordada, a seleção de projetos, o tipo de imagem.

O ano de publicação é um dado primordial para situar o livro em seu contexto histórico apropriado, para verificar se é contemporâneo com a obra que documenta ou não e compará-lo com outras publicações similares, anteriores ou posteriores. Acima de tudo é essencial saber se o livro que consultamos é a edição original ou uma reedição na mesma língua ou diferente. Se for esse o caso, é necessário descobrir a data do original e avaliar a distância temporal das edições entre si e com o objeto de estudo.

Assim, por exemplo, podemos deparar-nos com um livro cuja referência bibliográfica seja a seguinte: Mindlin, Henrique E. *Arquitetura moderna no Brasil.* Rio de Janeiro: Aeroplano, 1999. Sem mais informações, podemos acreditar que estamos enfrentando uma novidade quando, de fato, estamos ante uma reedição do original de 1956, cujo autor, Mindlin, foi um dos distinguidos arquitetos do Brasil daquele momento. O livro foi um trabalho de referência nesses anos e foi traduzido para várias línguas, o que lhe dá o valor de um documento histórico. Outras edições foram:

Rio de Janeiro-Amsterdã: Colibris, 1956; Paris: Vincent Fréal, 1956; Londres: Architectural Press, 1956; Nova Iorque: Reinhold, 1956.

Outro caso notável é o livro de George Nelson (1908-1986) e Henry Wright. *A habitação do amanhã: como planejar agora o seu lar para o futuro*. 4. ed. Buenos Aires: Contempora, 1958. Ao consultar a aba, descobriu-se que se trata de uma tradução da edição norte-americana original, intitulada *Tomorrow's House: a Comple-*

te Guide for the Home-builder, publicada em 1945, em Nova Iorque. A data de 1945 é significativa, porque responde ao fim da Segunda Guerra Mundial: na atmosfera de otimismo após o fim da guerra, o futuro é visto com esperança; os americanos estão preocupados com a renovação de suas casas. O livro foi um grande sucesso na época: aparece na lista de best-sellers do New York Times. Na Argentina também deve ter sido: uma quarta edição em um livro de arquitetura é significativa. O autor, George Nelson, um dos principais designers de móveis, enfatiza o arranjo dos espaços interiores e, para isso, usa exemplos da melhor arquitetura moderna dessa época.

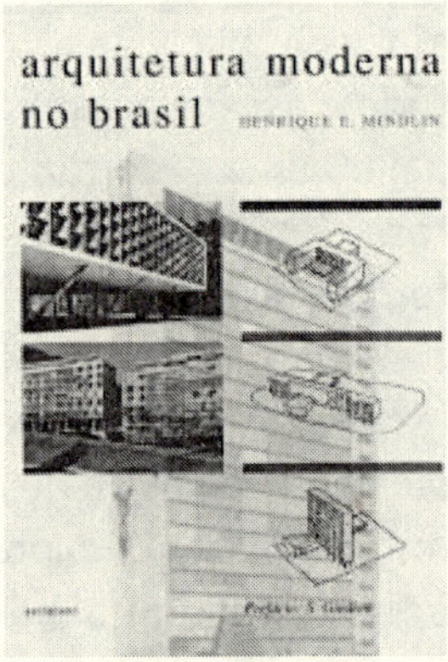

Imagem 25
Arquitetura moderna no Brasil, capa, 1999. Fonte: MINDLIN, Henrique E. *Arquitetura moderna no Brasil*. Rio de Janeiro: Aeroplano, 1999.

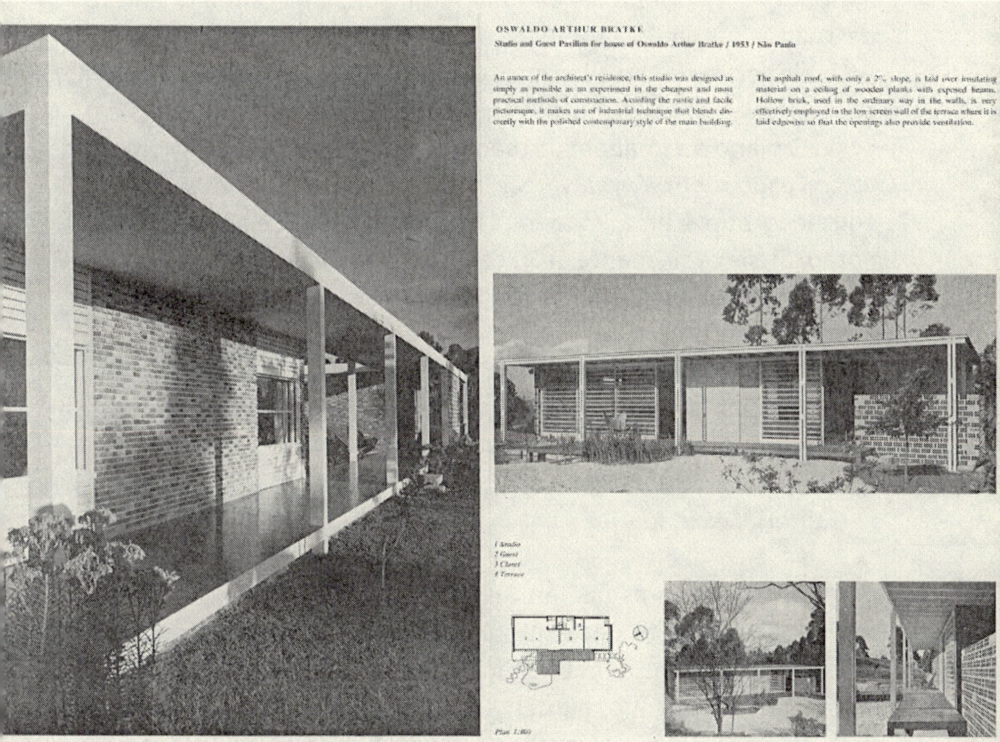

OSWALDO ARTHUR BRATKE

Studio and Guest Pavilion for house of Oswaldo Arthur Bratke / 1953 / São Paulo

An annex of the architect's residence, this studio was designed as simply as possible as an experiment in the cheapest and most practical methods of construction. Avoiding the rustic and facile picturesque, it makes use of industrial technique that blends discreetly with the polished contemporary style of the main building.

The asphalt roof, with only a 2% slope, is laid over insulating material on a ceiling of wooden planks with exposed beams. Hollow brick, used in the ordinary way in the walls, is very effectively employed in the low screen wall of the terrace where it is laid edgewise so that the openings also provide ventilation.

1 Studio
2 Guest
3 Closet
4 Terrace

Plan 1:400

Imagem 26
'Arquitetura moderna no Brasil', p. 60-61, 1999. Fonte: MINDLIN, Henrique E. Arquitetura moderna no Brasil. Rio de Janeiro: Aeroplano, 1999.

Vale a pena verificar o número da edição consultada e, se houver várias edições, é conveniente compará-las. Se muitos anos se passaram de uma para outra, podem ser encontradas mudanças significativas. Às vezes, o autor ou o editor escrevem uma nota prévia para comentar sobre a validade do conteúdo ao longo do tempo: se ele foi revisado ou se há atualizações incorporadas no texto. Podem ter sido corrigidas erratas, materiais gráficos atualizados, imagens adicionadas ou substituídas. Assim, comentamos a monografia sobre Mies de Philip Johnson, cuja primeira edição de 1947 acompanhava a exibição de seu trabalho no Museu de Arte Moderna de Nova Iorque. Naquela época, ainda não haviam começado as obras da Casa Farnsworth, que foram concluídas em 1951. O plano e a imagem da maquete publicada naquele momento correspondem a uma versão anterior à definitiva. A edição de 1953 incorporou uma imagem da casa construída e a planta final, então, até recentemente, a única referência da primeira versão foi encontrada no exemplar de 1947. Na edição de 1978, foi anexada a transcrição de um debate em que Johnson, questionado sobre o livro, comentava sobre o envolvimento de Mies na publicação e na exposição. Isso significa que cada edição traz informações relevantes que não são encontradas nas outras.

Editorial e cidade

Algumas editoras fizeram um trabalho de divulgação fundamental e meritório. Por exemplo, em meados do século XX, as editoras argentinas Infinito e Víctor Lerú, de Buenos Aires, traduziram para o espanhol numerosos livros publicados na Europa e nos Estados Unidos. No final do século XX, a editora Gustavo Gili, de Barcelona, retomou o trabalho. A instituição que financia ou patrocina a publicação também pode conferir seu prestígio e credibilidade ao volume.

Indicadores de conteúdo

O principal indicador de conteúdo é o índice, que fornece a divisão da informação nos blocos que compõem os capítulos. A leitura dos títulos dos capítulos dá ideia da seleção de tópicos e do reconhecimento do tipo de terminologia utilizada que pode estimular sua consulta ou desestimulá-la. Ela também fornece pistas sobre a tese que defende e sobre os argumentos sobre os quais se baseia. Os capítulos do livro de Werner Blaser têm títulos como: casas-pátio com pilares metálicos, vigas treliçadas com cobertura suspensa, casas de vidro com armação de aço, etc. De forma diferente, os capítulos da monografia de Peter Carter sobre Mies referem-se a conceitos estruturais e espaciais, tipologias de construção, espaços urbanos[5].

No entanto, existem outros indicadores importantes de conteúdo, como o índice onomástico ou a listagem de imagens. Os índices onomásticos podem ajudar a localizar rapidamente se o livro menciona qualquer pessoa, assunto, trabalho ou evento de interesse. Os índices das imagens geralmente servem para dar créditos de cada documento gráfico, autor e fonte.

O índice geral habitualmente se encontra no início do volume e os outros no final, mas outros casos podem ocorrer. Assim, o livro de Alfred Roth, *La nouvelle architecture* (1939). contém um índice gráfico no qual uma pequena imagem já dá conta sobre o edifício que se desenvolve em cada capítulo. Outro caso é a monografia que Ludwig Hilberseimer dedica a seu amigo Mies van der Rohe

Imagem 27
Mies van der Rohe, capa, 1953. Fonte: JOHNSON, Philip. *Mies van der Rohe*. 1.ª edición. Nueva York: Museum of Modern Art, 1947.

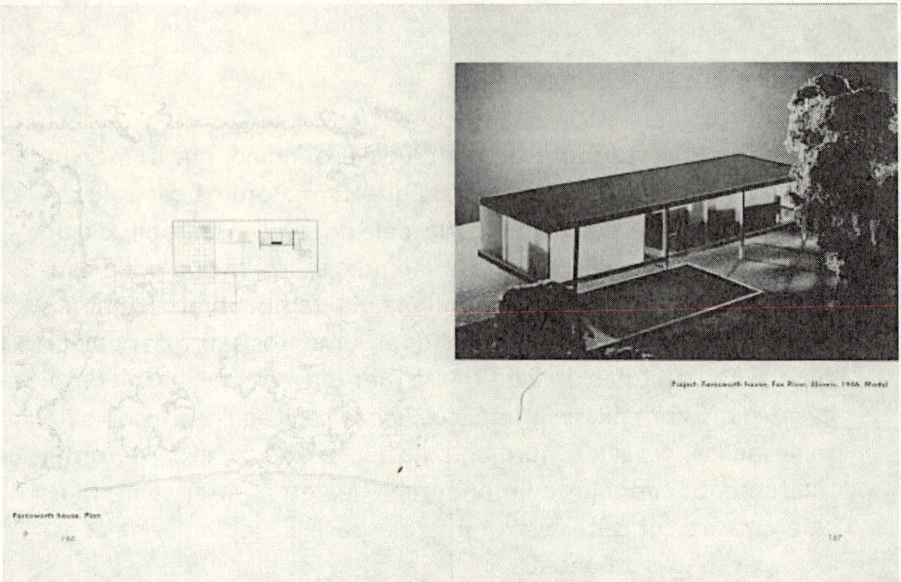

Farnsworth house. Plan

166

Project: Farnsworth house, Fox River, Illinois. 1946. Model

167

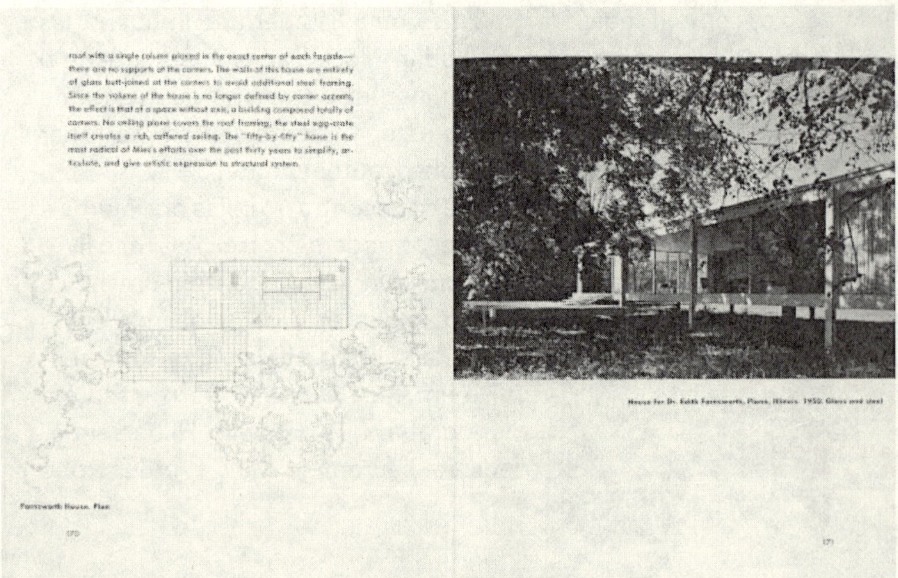

roof with a single column placed in the exact center of each façade—there are no supports at the corners. The walls of this house are entirely of glass butt-joined at the corners to avoid additional steel framing. Since the volume of the house is no longer defined by corner accents, the effect is that of a space without axis, a building composed totally of corners. No ceiling plane covers the roof framing; the steel egg-crate itself creates a rich, coffered ceiling. The "fifty-by-fifty" house is the most radical of Mies's efforts over the past thirty years to simplify, articulate, and give artistic expression to structural system.

Farnsworth House. Plan

170

House for Dr. Edith Farnsworth, Plano, Illinois. 1950. Glass and steel

171

Imagem 28
Mies van der Rohe, p. 166-167 e 170-171, 1953. Fonte: JOHNSON, Philip. *Mies van der Rohe*. 1.ª edición. Nueva York: Museum of Modern Art, 1947.

(1956), na qual, depois de uma breve divisão de capítulos por assuntos arquitetônicos, faz uma relação exaustiva do material que acompanha cada capítulo, em ordem de aparição.

Por outro lado, as notas ao texto podem contribuir com extensões importantes do conteúdo exposto e podem constituir precisões do referido, mas também abrir novas portas e levar a outros autores e a outros textos.

Formato e ordem de conteúdos

Como já foi comentado, se o conteúdo gráfico é importante, requer destaque a paginação. As imagens podem estabelecer sua própria ordem interna de sequência e arranjo, paralela à do texto, uma ordem que não costuma aparecer esquematicamente no índice.

Em bons livros, a unidade de significado é dada pela página dupla do livro aberto. A presença primordial da imagem requer um intenso tratamento gráfico que esteja de acordo com a produção arquitetônica mostrada. Isto é baseado na qualidade técnica da imagem, no controle de quadros, nos ajustes de cor, luz e contraste, nos critérios de reprodução de planos ou nas normas unificadas de desenho, etc. A comparação com livros similares pode ajudar a entender o significado da seleção dos conteúdos do documento que consultamos e advertir sobre a falta ou a extensão deles.

No livro de Werner Blaser, projetado por ele próprio, há uma relação cuidadosa de documentos gráficos, que destacam aspectos substanciais do edifício. Além disso, a abordagem do reconhecimento estrutural dos projetos implica que as fotografias costumam dar conta de detalhes como a entrega dos pilares com o canto das lajes, as voltas da fachada, etc. O livro de Max Cetto, *Arquitetura Moderna no México*, também mostra cuidados requintados no fornecimento de informações. Nesse caso, se trata de uma seleção de trabalhos nacionais apresentados por tipologias funcionais: igrejas, hospitais, escolas, etc. Após um ensaio inicial, que revisa desde a arquitetura pré-hispânica e colonial até a herança europeia moderna, cada trabalho é mostrado em uma página dupla, com uma divisão em quatro partes de cada página, que serve como referência para localizar as imagens do projeto e a referência bilíngue, e um pequeno comentário funcional com os dados do autor, data e situação.

Anexos

A bibliografia, as listas de trabalhos, o índice onomástico, o plano com a situação das obras ou cronologias comparativas são complementos que podem ser muito úteis. É conveniente levar em conta os livros consultados que os incorporam, pois podem se tornar pontos recorrentes de consulta.

Os agradecimentos, embora às vezes sejam meros protocolos, também fornecem pistas importantes sobre as afiliações do autor e podem orientar sobre o ambiente intelectual que pode tê-lo influenciado.

Os créditos das imagens são importantes porque informam o autor da imagem ou a sua localização original. A bibliografia pode responder a diferentes tipos: comentada ou não; ordenada por capítulos com as referências feitas no texto: exaustiva ou restrita com base em algum conceito. As notas para o texto, que às vezes estão no rodapé da página ou por vezes todas juntas no final do capítulo, também podem fornecer revisões bibliográficas que complementam a relação principal.

Imagem 29
Modern Architecture in Mexico, capa, 1961. Fonte: Cetto, max. *Modern Architecture in Mexico*. Nueva York: Praeger, 1961. Bilingüe. inglês e espanhol.

Pesquisa bibliográfica

Hoje, graças à Internet, podem ser realizadas fabulosas consultas bibliográficas em todas as bibliotecas importantes do mundo e sem sair de casa, com um esforço mínimo. As consultas avançadas classificam os resultados de acordo com diferentes conceitos: por autor, título, palavra-chave, data ou editorial. Em muitos casos, a mesma consulta fornece o ano e o local de nascimento do autor. Inclusive se oferecem serviços de fotocópia, fotografia ou digitalização de páginas com entrega a domicílio. Facilmente se podem localizar outros títulos do mesmo autor, ou sobre o mesmo assunto, ou localizar diferentes edições, etc. As bibliotecas anglo-saxãs mencionadas a seguir são especialmente bem-dotadas, mas é frequente o caso de não disporem da versão traduzida para o espanhol dos livros que se editam originalmente em inglês. Assim, para encontrar as versões em espanhol de muitos livros publicados na Argentina ou na Espanha, é aconselhável acessar os catálogos das bibliotecas desses países.

É recomendada a consulta dos seguintes sites e bases de dados na Internet:

Biblioteca Avery de Arquitetura e Belas Artes da Universidade de Columbia em Nova Iorque
http://www.columbia.edu/cu/lweb/indiv/avery/index.html

Biblioteca do Real Instituto Britânico de Arquitetos de Londres
http://www.riba.org/library

Biblioteca do Museu de Arte Moderna de Nova Iorque
http://library.moma.org/

Biblioteca do Colégio Oficial de Arquitetos de Barcelona
http://www.coac.net/home/frames/fhomecorreu.htm

Biblioteca da Escola Técnica Superior de Arquitetura de Barcelona
http://biblioteques.upc.es/cataleg/catalan.html

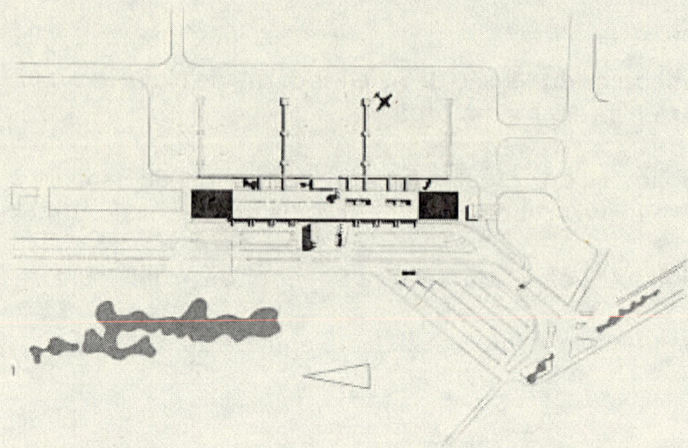

Mexico Airport, 1953
Architects: Augusto Alvarez, Enrique Carral, Guillermo Pérez Olagaray, Manuel Martínez Páez, and Ricardo Flores

Visitors to Mexico arriving by air are received in a building designed in the "international style." The plan is clear and logical: one end of the main wing serves as the international terminal, the other as the domestic terminal. The central buildings – the restaurants and control tower facing the airfield, and the administration offices in a four-story side wing built on pillars facing the road – are located between the two terminals. The steel-frame building has floor-to-ceiling outside glass walls. In some instances sheet-metal canopies are provided to keep out the strong sunlight; however, a truly architectural solution to this constantly recurring problem in southern regions would have been preferable to a mechanical one.

1 Over-all plan, scale 1:5,000.
2 View from airfield.
3 Covered walk to the aircraft.
4 Approach side, with administration building on the right.

Edificio del Aeropuerto de México, 1953
Arquitectos: Augusto Alvarez, Enrique Carral, Guillermo Pérez Olagaray, Manuel Martínez Páez y Ricardo Flores

México recibe al viajero aéreo en un edificio de «estilo internacional». La disposición de la planta es clara y lógica: El edificio principal está destinado en un extremo al tráfico internacional y en el otro al tráfico local. Al centro del edificio se encuentran las instalaciones centrales: hacia el campo aéreo el restaurant y la barra, la torre de control y hacia la calle en un edificio transversal las oficinas administrativas. Las fachadas están compuestas casi totalmente de ventanales. En algunos casos se protegió el interior del sol y de la resolana con marquesinas de lámina móviles. Una verdadera solución arquitectónica hubiera sido mejor que una solución mecánica.

1 Planta de conjunto 1:5000.
2 Fachada hacia el campo de aterrizaje.
3 Andén cubierto para abordar los aviones.
4 Fachada hacia la calle, sobre la derecha, el edificio administrativo.

108

2

Imagem 30
Modern Architecture in Mexico, p. 108-109, 1961. Fonte: Cetto, max. *Modern Architecture in Mexico*. Nueva York: Praeger, 1961. Bilíngue, inglês e espanhol.

3

4

109

NOTAS

1. Sartoris, Alberto. Encyclopédie de l'architecture nouvelle. "Ordre et climat mediterranéens", I vol., Ulrico Hoepli, Milão, 1948. "Ordre et climat américains", III vol., 1954; "Ordre et climat nordiques", II vol., 1957.
2. Blaser, Werner. Die Kunst der Struktur, L'art de la structure, Zurich y Sttutgart: Verlag für Architektur, 1965. Nova Iorque: Praeger, 1965.
3. Blaser, Werner. Ibid.
4. V. aba do livro de Ludwig Hilberseimer, The New City. Chicago: Paul Theobald, 1944.
5. Carter, Peter. Mies van der Rohe at work. Londres: The Pall Mall Press, 1974.

REVISTAS

Ao longo do século XX, as revistas de arquitetura desempenharam um papel fundamental na difusão e na aprendizagem da arquitetura moderna em todo o mundo; portanto, constituem um valioso fundo documental. A experiência acumulada na direção dos trabalhos de pesquisa confirma que a revisão de periódicos, de cada local e em cada momento, é essencial para restaurar o conhecimento dos arquitetos e suas obras, e para completar o panorama que as compilações mais comuns têm decantado ao longo dos anos.

Se nos aproximarmos para procurar um projeto específico, será útil pesquisar os projetos anteriores e posteriores que são delineados, inclusive números anteriores e posteriores ao que olhamos, pois isso nos dará um excelente contexto cultural e profissional para localizar o projeto que estudarmos. Mas não só isso: a abordagem das revistas é produtiva por muitas razões. Permite familiarizar-se com o panorama da arquitetura de determinado país e em determinado momento. Sua consulta fornece informações sobre quais arquitetos foram valorizados por seus contemporâneos dentro e fora de cada país; quais as referências internacionais, os eventos mais importantes: exposições, conferências, concursos, visitas de personagens em cada lugar, bem como resenhas críticas de livros, entre muitas outras coisas.

No entanto, para pesar adequadamente o material documental da revista, como no caso dos livros, é necessário levar em consideração uma série de fatores que definem e caracterizam seu ponto de vista crítico. Prestar atenção em todos os pontos detalhados na continuação vai além do que é necessário em uma consulta pontual, mas é essencial quando a revista é em si mesma o objeto de atenção.

Os enunciados levantam as questões a serem consideradas em uma revisão exaustiva. Nesse caso, será importante dispor de um número representativo de exemplares que deem conta do desenvolvimento completo da publicação. Para dar conta da presença da publicação em antologia ou fac-símile, será necessário fazer o registro gráfico de uma seleção de temas, para reproduzir as páginas duplas e representar verdadeiramente o formato e o design da revista.

País e cidade onde é publicada

Deve-se estar ciente do papel desempenhado pela publicação em sua esfera de influência. De acordo com a vitalidade artística e intelectual na área, pode haver vários polos de atividade e ter diferente caráter. A revista pode competir com outras publicações em seu país ou cidade ou ser a única publicação periódica. Isso depende do panorama cultural existente em cada área e do momento em que começa a ser editada. A coexistência das publicações facilita a tendência à especialização temática e exige que cada uma delas defina o ponto de vista em relação às demais; o oposto favorece orientações mais generalistas.

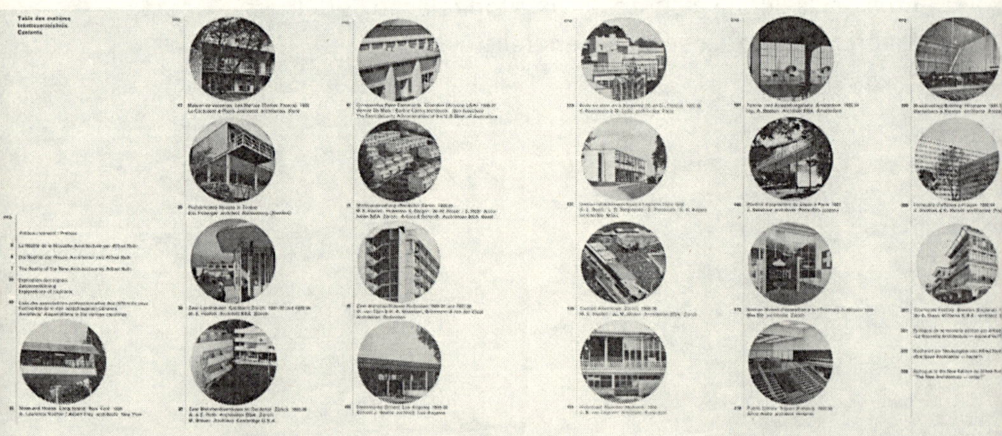

Imagem 31
'La nouvelle architecture', tabela gráfica explicativa dos conteúdos do livro. Fonte: ROTH, Alfred. La nouvelle architecture. Zürich: Girsberger 1939. Trilíngue: francês, alemão e inglês (Outras edições: Zurich: Éditions d'Architecture, 1948; Zurich, Munich; Artemis, 1975).

Período de vigência

É aconselhável conhecer o período geral e caracterizar brevemente o ano de início e o último ano de publicação. Algumas publicações se originaram muito antes da arquitetura moderna, outras apareceram precisamente com o objetivo de colecionar e difundir o modo moderno de conceber. Nestas últimas, geralmente é notado um propósito de militância expressa que se reflete no design gráfico e na escolha dos temas. As revistas podem passar por estágios em que o conteúdo e o formato variam substancialmente dependendo das mudanças na direção ou no conselho editorial. Se um período de estudo é limitado, convém justificá-lo: pode ser feito para coincidir com mudanças de estágio ou com torções do pulso arquitetônico no país, na ausência de outras referências, pode-se recorrer ao período entre 1945-1965, que coincide com o boom de periódicos em quase todo o mundo.

Periodicidade

O intervalo entre o aparecimento de números consecutivos pode ser mensal, trimestral, anual ou variável durante todo o seu histórico. De acordo com quem financia a edição, a irregularidade na saída geralmente resulta de altos e baixos na disponibilidade econômica. A periodicidade da revista tende a estar relacionada com a orientação temática: a alta periodicidade, com o objetivo de acompanhar pontualmente as novidades, a baixa periodicidade, com uma linha de reflexão emancipada de assuntos atuais rigorosos.

Orientação temática

Existem revistas dedicadas exclusivamente à arquitetura, urbanismo ou construção; outras incorporam temas relacionados a artes afins, como a pintura, a escultura ou o design gráfico. Se uma boa parte da revista é dedicada a outros assuntos que não são estritamente arquitetônicos, mesmo que não seja o objetivo prioritário da nossa abordagem, é necessário apontá-lo e documentá-lo no trabalho de pesquisa. O conteúdo pode variar entre priorizar o ensaio crítico ou manter um caráter eminentemente gráfico.

Objetivo das revistas

No primeiro número, ou coincidindo com mudanças na direção, inserções geralmente são incorporadas com a explicação do propósito geral da publicação e da sua linha editorial. As notas editoriais, se forem regularmente incorporadas, dão conta do conteúdo de cada número ou transmitem a opinião do conselho de diretores sobre algum assunto. As revistas podem patrocinar atividades paralelas, como a organização de concursos ou prêmios ou a promoção de construção.

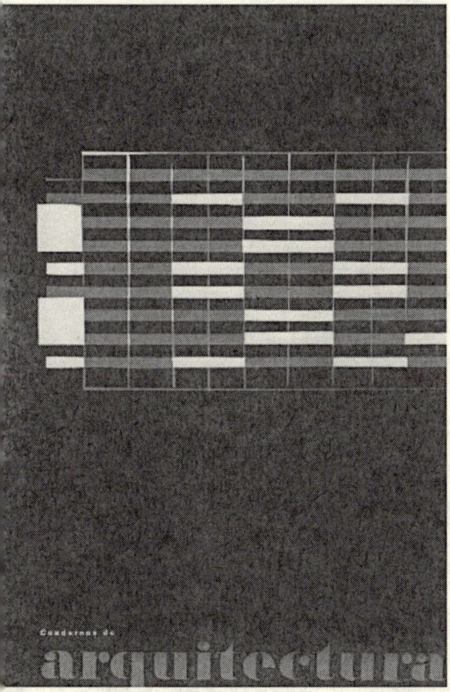

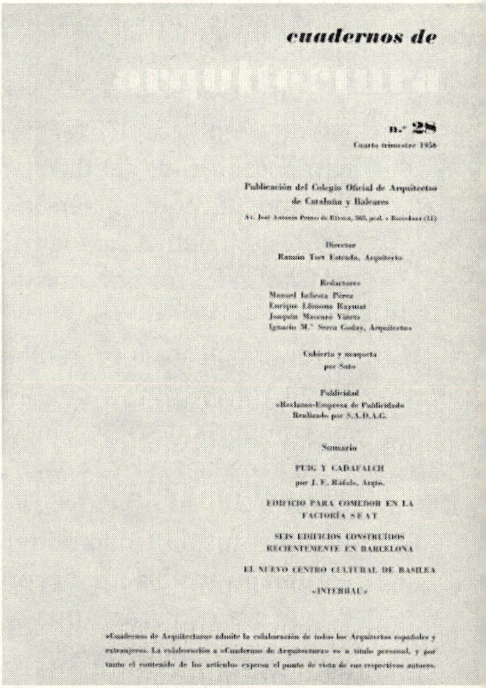

cuadernos de
arquitectura

n.° 28
Cuarto trimestre 1956

Publicación del Colegio Oficial de Arquitectos
de Cataluña y Baleares

Director
Ramón Tort Estrada, Arquitecto

Redactores
Manuel Baldrich Pérez
Enrique Llimona Raymat
Joaquín Mascaró Vilella
Ignacio M.ª Serra Goday, Arquitectos

Cubierta y maqueta
por Soto

Publicidad
«Reclamo» Empresa de Publicidad
Realizado por S.A.D.A.G.

Sumario

PUIG Y CADAFALCH
por J. F. Ráfols, Arqto.

EDIFICIO PARA COMEDOR EN LA
FACTORÍA SEAT

SEIS EDIFICIOS CONSTRUÍDOS
RECIENTEMENTE EN BARCELONA

EL NUEVO CENTRO CULTURAL DE BASILEA

«INTERBAU»

Imagem 32
Revista Cuadernos de Arquitectura, núm. 28, Capa e índice, 1956. Fonte: *Revista Cuadernos de Arquitectura*, núm. 28, 1956, Barcelona, España.

Instituição, diretor, equipe de redação e colaboradores

A iniciativa da publicação pode corresponder a alguma instituição, associação profissional ou universidade e seu órgão de difusão; outra possibilidade é que seja fundada por um grupo de amigos com interesses comuns ou que esteja vinculada a alguma editora. Deve-se ter em conta que, em qualquer caso, a publicação pode ser influenciada política ou institucionalmente, e isso afeta os tópicos a serem discutidos e a seleção de conteúdos, e explicar afiliações, aparições recorrentes e também omissões.

O perfil profissional e intelectual dos responsáveis tem um impacto direto no caráter e conteúdo da revista. Mudanças na direção ou nos principais colaboradores muitas vezes levam a mudanças de orientação. Portanto, é necessário conhecer os períodos de responsabilidade das diferentes equipes e apontá-las. Entre os colaboradores com influência relevante, cabe contar os correspondentes em outras cidades do país ou exterior, o designer gráfico, os fotógrafos, os desenhistas, etc.

Distribuição de conteúdos

É importante descrever a estrutura de conteúdos estáveis: seções fixas, notas editoriais, revisões de livros, críticas de exposições ou conferências. No caso de variar a proporção de conteúdos ou assuntos ao longo do tempo de forma significativa, pode ser elaborado um diagrama comparativo cuja expressão gráfica explique sua evolução. Uma seção estável pode ser a promessa de encontrar alguma revisão que nos interesse. Característica da revista será a forma de relatar projetos arquitetônicos: o número de páginas dedicadas a cada um; a qualidade; o tamanho e número de imagens; a extensão do comentário; a inclusão de plantas, cortes ou elevações; o número de trabalhos incluídos em cada exemplar, se eles são agrupados por temas, números monográficos, etc. Deve-se prestar atenção à publicidade, uma vez que pode ter valor gráfico em si mesma por ser desenhada pela própria revista, ou corresponder a empresas de construção e indústrias que participaram dos edifícios analisados.

Formato

Tudo o que foi dito no capítulo anterior dos livros, quanto à importância da estrutura gráfica de cada página como uma unidade de significado, é aplicável ao caso das revistas. O formato deve ser levado em consideração: dimensões, orientação vertical ou horizontal, número de páginas, design de capa e contracapa, uso de cor, distribuição do texto e imagem, autoria das fotografias e desenhos. Também a qualidade do papel e a impressão indicam a valorização relativa das imagens em relação ao texto.

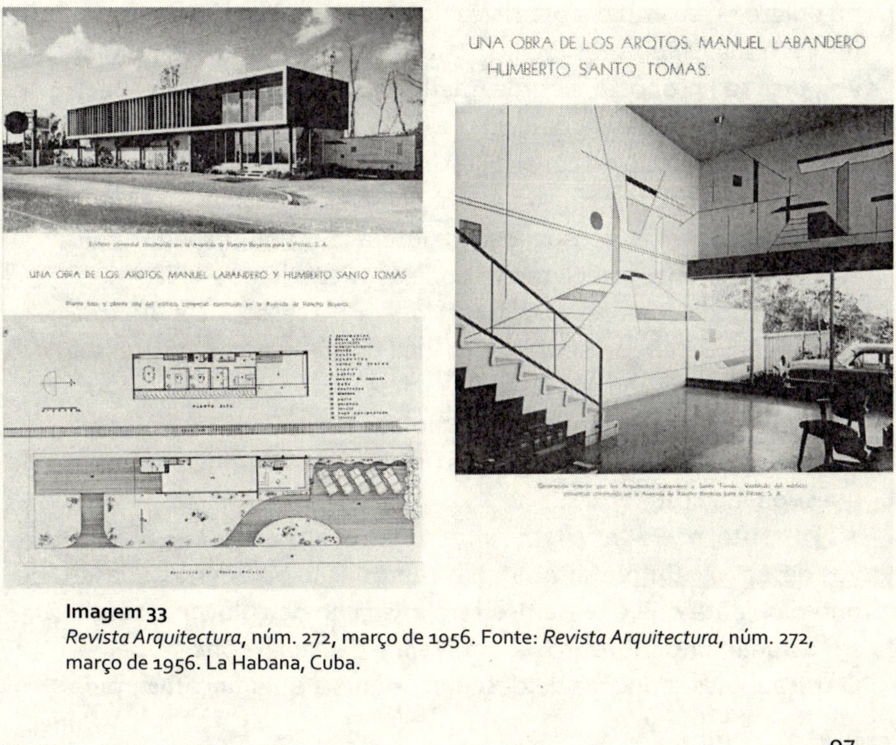

Imagem 33
Revista Arquitectura, núm. 272, março de 1956. Fonte: *Revista Arquitectura*, núm. 272, março de 1956. La Habana, Cuba.

FORMATOS GERAIS

CRITÉRIOS DE DESENHO

O desenho é a ferramenta básica do trabalho diário do arquiteto, daí a relevância da utilização de meios gráficos para analisar os projetos arquitetônicos.

Ao contrário de outros artistas plásticos, o arquiteto trabalha no objeto de sua reflexão através de um meio interposto: o desenho, em suas diferentes técnicas. Através do desenho, o arquiteto visualiza sua proposta, aborda, mede, compara, verifica e especifica o projeto com uma definição suficiente para executar a obra. Durante o processo de construção, no qual o desenho é transferido para a sua concretização física, é possível reconsiderar temas e dar-se descobertas, sensualidade e interações não suspeitas pelo autor. No entanto, dificilmente pode ser negado que o desenho, por sua condição anterior, proporcionará o acesso mais direto à concepção. Se a representação gráfica permitiu ao autor acessar a obra, também poderia facilitar à parte interessada que a aborda posteriormente uma aproximação a mesma. O texto, a palavra são meios de reflexão, mas não os únicos, nem os principais, para questionar a arquitetura.

Portanto, pode-se refletir sobre os desenhos originais com novos desenhos. Enfrentar a simples reprodução ou um novo desenho da planta que analisamos tem a virtude de colocar a obra a ser estudada no tabuleiro – ou na tela – de seu próprio trabalho. O traçado das pranchas de desenho originais é significativo; pelo mesmo motivo, o novo desenho que fizermos expressará uma relação pessoal com ele.

O desenho de exploração pode ser abordado de diferentes maneiras. Foi dito que a escrita ajuda a esclarecer a reflexão; de forma semelhante, também se pode dizer que o desenho esclarece o pensamento arquitetônico. No entanto, é comum a análise consistente em sobrepor ao original grafismos simplificadores, linhas grossas de cores e setas, com a finalidade de indicar, por exemplo, o acesso, de forma a impedir sua visualização. Portanto, é necessário ressaltar que é possível colocar o desenho a serviço de um conhecimento detalhado da obra. A esse respeito, é imprescindível lembrar a importância de verificar a autoria das referências gráficas que temos, se são do autor ou do editor da publicação que as reproduz. É famoso o caso da planta do Pavilhão da Alemanha (1929), em Barcelona, de Mies: dela existem inúmeras versões esboçadas, discordantes entre si, que deram origem a interpretações errôneas e pitorescas.

No sentido próprio que tem produzir um desenho arquitetônico, novamente se podem adicionar outras utilidades. O desenho de exploração pode consistir no levantamento de pranchas de desenho arquitetônico para recuperar aqueles que são inacessíveis por qualquer causa – perda, deterioração; ou também na realização de visualizações de projetos não construídos, ou erguidos e demolidos, ou alterados notavelmente; na elaboração de esquemas comparativos que isolem um tema em várias obras; na explicação de processos construtivos, etc.

Imagem 34
Revista Arquitectos de México, núm. 9-10, 1960; núm. 11, 1960. Capas. Fonte: *Revista Arquitectos de México*, núm. 9-10, 1960; núm. 11, 1960.

Nas páginas a seguir se exemplifica o processo de encaminhar um projeto de modo minucioso, de forma equivalente ao de um trabalho profissional. Trata-se do estudo realizado por Leandro Rotolo sobre a Casa Zipser (1959-1962) do arquiteto Hans Broos em Florianópolis, Brasil. A tarefa era fazer um novo levantamento gráfico, com base nos desenhos arquitetônicos originais e na inspeção da obra erguida, e ordenar a informação sob a forma de folhas de um projeto, informando da implantação aos detalhes construtivos. A sequência em que as folhas são apresentadas corresponde aos aspectos de objeto de análise listados no capítulo anterior.

Esta tarefa implica um projeto gráfico exigente. A relação adequada entre a informação e a ordem em que é oferecida facilita a distinção e a caracterização da arquitetura. É necessário estabelecer um planejamento prévio sobre o formato da folha, margens, layout, correlação e notação do desenho. Assim, o trabalho de pesquisa envolve decisões sobre temas como o valor da linha, o uso de hachuras, o uso de títulos e legendas nas pranchas de desenhos arquitetônicos, a inclusão de eixos de referência, linhas de corte, referências em cada documento do elemento graficado com relação ao anterior ou à totalidade do projeto.

O exemplo oferece uma boa opção de representação e uns critérios organizacionais básicos, que irão destacar as qualidades gráficas em relação à arquitetura que eles relatam, que embora pareçam óbvias são menos usuais do que o desejável.

Não se pretende oferecer um manual de desenho técnico, mas sim proporcionar alguns critérios que permitam melhorar a qualidade visual das apresentações. O trabalho é ordenado em folhas, cada uma das quais serve para destacar certos aspectos do desenho a ser considerado.

Critérios Gerais

Antes de iniciar um desenho, é necessário tomar decisões sobre a organização geral dos arquivos, critérios e regras sobre como nomeá-los; decidir como as pranchas se relacionarão entre si, quais cores, tipos de linhas e espessuras serão usados para impressão, etc.

Um aspecto fundamental da organização de um arquivo CAD é a distribuição dos diferentes componentes por camadas (*layers*). Uma nomenclatura adequada de camadas permite diferenciar cada componente de modo que ele possa ser separado dos outros em algum estágio do trabalho.

Outro tema extremamente importante é a escala em que cada desenho deve ser apresentado, pois isso dependerá do nível de detalhe com o qual ele é desenhado.

Como critério geral, os diferentes elementos construtivos devem ser representados tal como são na realidade, embora isso envolva o desenho de várias linhas. Como sugestão, para evitar a confusão entre linhas, quando a escala é pequena, podemos ter camadas associadas a escalas; ou seja, se o projeto for dimensionado em escala 1:200 ou mais, não ativaremos as camadas criadas para pequenas escalas. Para isso, devemos adicionar ao nome das camadas um distintivo de acordo com a escala.

Tomemos como exemplo o desenho das carpintarias, que geralmente é o que nos dá mais problemas. Se desenharmos todos os elementos, provavelmente usaremos várias camadas, que serão ativadas ou não de acordo com a escala de apresentação do desenho.

Imagem 35
Hans Broos. La casa Zipser, capa, junho de 2003. Autor: Leandro Rotolo.
Fonte: Leandro Rotolo.

Por exemplo:

Elementos	Camadas
Marcos cortados em detalhes	esquad_+200
Marcação de eixo desenhado com linha fina	esquad_finas-200
Vidro simples ou duplo	esquad_vidro+200
Projeções	esquad_projeção-200
Arco de giro de portas	esquad_arco-200

A IMPLANTAÇÃO

Diagramação

Para uma apresentação correta de um projeto, se deve tomar uma série de decisões, que se aplicarão a todas as páginas de forma igual: margem, numeração de páginas, título, etc. O primeiro passo na apresentação de um desenho é estabelecer uma margem adequada, de acordo com o tamanho da folha na qual se vai trabalhar. No caso do trabalho da Casa Zipser, é utilizada uma folha A-4 e a margem é de 1,5 cm. O título está localizado na margem superior esquerda dentro da margem. Os desenhos e o texto estão dispostos em três faixas verticais, que ocupam toda a largura da folha. A primeira faixa contém a lista de espaços da planta de coberturas e o símbolo de norte; a segunda contém um desenho da localização, e a terceira, a planta de coberturas. Os três elementos: texto, localização e planta de coberturas, estão alinhados horizontalmente.

O desenho de localização é equidistante das outras colunas. A numeração da página está localizada verticalmente a 1/3 da extremidade superior da folha e centrada entre a margem direita e a borda desta. O número está alinhado horizontalmente com a faixa que contém a lista de espaços. Todo o conjunto aparece como uma faixa horizontal totalmente definida. O título da página, o texto e o símbolo de norte estão alinhados com a margem esquerda, enquanto a planta de coberturas se alinha à direita, de modo que não é necessário desenhar a margem explicitamente, mas é sugerida pelos elementos que ocupam a página. Este critério de anexar os diferentes elementos às margens é um critério para seguir sempre.

Título

O título consiste em caracteres de tamanho maior que qualquer outro utilizado dentro da página. Ao lado do título, se especifica a escala do desenho, com um tamanho de fonte menor. Neste exemplo, apenas o primeiro caractere maiúsculo e o tipo de letra Arial 3 são usados para o título, enquanto para a escala todos os caracteres vão em maiúsculas e se usa a fonte Arial 1'5. Os critérios de localização e composição a serem estabelecidos para o título e a escala na primeira página devem ser mantidos em todas as páginas de um projeto.

Imagem 36
Hans Broos. La Casa Zipser, foto do autor, junho de 2003. Autor: Leandro Rotolo. Fonte: Leandro Rotolo.

Texto

Para os textos explicativos de espaços ou materiais, deve ser escolhido um tipo e um tamanho de letra adequados, bem como os critérios de localização com os quais todas as folhas devem ser diagramadas. Recomenda-se que o texto seja anexado a uma das margens formando um corpo independente dos outros elementos da folha. No nosso exemplo, o texto está alinhado à margem esquerda e se usa a fonte Arial 1'2.

Símbolo de norte

O símbolo de norte constitui uma informação complementar do desenho, pelo que sua representação deve ser feita de forma simples e clara. Deve estar presente em todas as páginas que o exigem, com os critérios de localização estabelecidos na primeira página.

Localização

A prancha de desenho de localização do edifício dentro da trama urbana deve ser a primeira informação a ser fornecida sobre o projeto. Nesta prancha, deve-se colocar todos os elementos importantes do entorno, bem como o nome das ruas e o norte. No exemplo que analisamos, as ruas e os lotes circundantes foram localizados, mas não foi relatada a presença de edifícios importantes, espaços abertos, vistas, ventos, vegetação, etc.

Para entender melhor o escopo de uma prancha de desenho de localização, podemos observar um esquema realizado pelo arquiteto Mario Roberto Álvarez, à mão livre, no qual todos os componentes do ambiente imediato são clara e completamente explicados.

Implantação

A prancha de desenho de implantação serve para mostrar como o prédio está localizado dentro do terreno. Em muitas ocasiões, este desenho pode ser usado para servir também como uma planta de coberturas. Com esta prancha de desenho, poderemos conhecer a relação entre o edifício, os espaços verdes, os muros de fechamento do terreno, etc.

No exemplo em estudo, destacam-se o uso de certos componentes, como eixos, vegetação, hachuras ou numeração de espaços e elementos, os mesmos que possuem certas regras para sua representação, que são descritos e analisados com mais detalhes no desenho da planta baixa.

Recomenda-se que a planta de coberturas mantenha a mesma escala que as outras plantas para estabelecer relações entre elas; no entanto, se se quiser aproveitar a implantação como uma planta de coberturas, a escala geralmente será menor para que todo o terreno possa ser exibido.

A PLANTA

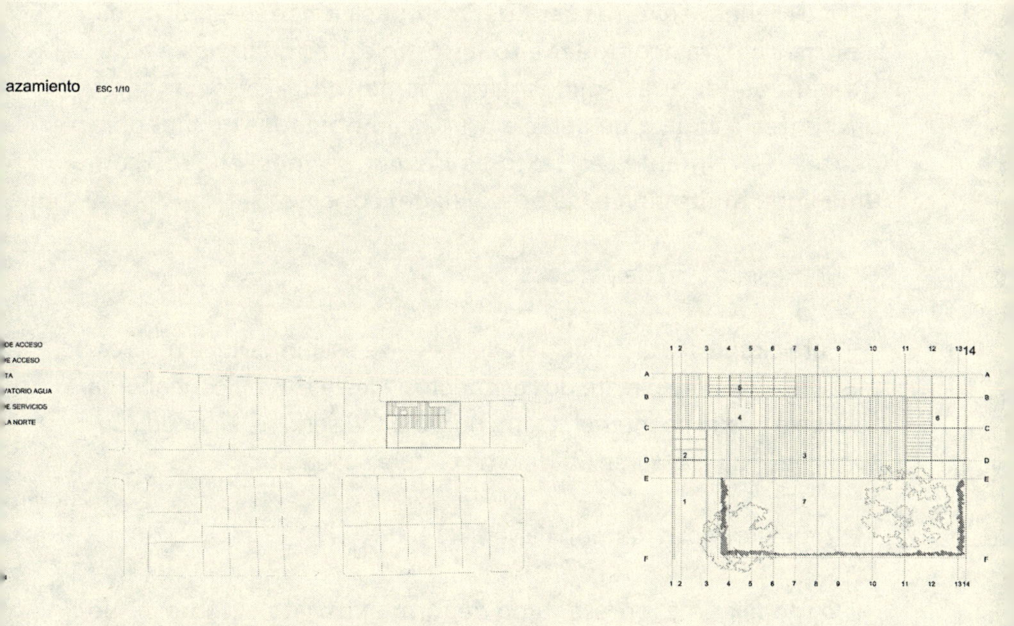

Imagem 37
Hans Broos. La Casa Zipser, implantação, junho de 2003. Autor: Leandro Rotolo. Fonte: Leandro Rotolo.

Uso de hachuras

O uso de hachuras serve para definir diferentes tipos de materiais. É muito útil marcar os tipos de pavimento dentro de uma planta. No exemplo estudado, a textura cinzenta define os espaços de acesso e circulação externa, a textura de linhas horizontais representa a área social e privada da unidade habitacional, a textura quadriculada indica a área de serviço, enquanto os banheiros permanecem sem nenhuma textura, o que sugere um material diferente dos anteriores. O mais prático para desenhar texturas será definir duas camadas específicas, a primeira para acomodar a todas as texturas de linhas e a outra para as texturas sólidas. Isso nos permitirá associar cores diferentes a cada uma delas e usá-las combinadas ou independentes. Geralmente, as texturas devem ser desenhadas com uma linha muito fina e, se possível, em cor cinza.

Representação de paredes

Para a representação de paredes deve-se usar uma linha mais espessa do que para o resto dos elementos. Neste exemplo, nenhuma textura é usada no interior. Outra opção pode ser que, além do contorno de linha grossa, se utilize uma textura sólida cinza.

Representação do mobiliário

O mobiliário é representado de forma abstrata e rigorosa. No caso de mobiliário de banheiros e cozinha, podem ser usados símbolos ligeiramente mais elaborados. Neste exemplo, o mobiliário fixo se desenha encaixado nas paredes, enquanto o mobiliário que não é fixo vai ligeiramente separado das paredes.

É possível criar uma camada para o mobiliário fixo e outra para o não fixo que pode ser ativada ou desativada de acordo com a escala de apresentação da lâmina. Para o desenho do mobiliário, deve ser utilizada uma linha fina e contínua (muito menos espessa do que a usada para a representação de paredes).

Representação das esquadrias

As esquadrias são desenhadas com todos os seus elementos, com suas dimensões reais e com linha fina. Conforme mencionado nos critérios gerais, cada elemento deve estar associado a uma camada, que será ativada ou não de acordo com a escala. As portas devem ser desenhadas sempre abertas e, no caso do arco de giro, a linha deve ser pontilhada e indicar, como de costume, a direção da abertura.

Eixos

Os eixos estruturais são elementos que ajudam a dar ordem tanto ao projeto quanto ao desenho. Uma boa representação deles é essencial. No exemplo que estudamos, a nomenclatura dos eixos, tanto verticais quanto horizontais, mantém a mesma separação em relação às bordas do desenho. O tamanho dos caracteres é diferente de outros usados no desenho; desta forma, eles se diferenciam e se impede qualquer tipo de confusão. A linha que é usada para a representação dos eixos é pontilhada, para diferenciá-la de outras usadas no interior do desenho.

Vegetação

No exemplo que analisamos, podemos observar duas formas de representar a vegetação que podem ser combinadas muito bem. Por um lado, representam-se duas árvores que são desenhadas com uma linha fina contínua. Cada uma tem um perfil diferente, o que permite que elas sejam vistas como dois elementos distintos, possivelmente de tamanho e forma diferentes, mas da mesma espécie vegetal. Essas árvores não estão inscritas no terreno, mas expandem-se para fora dos seus limites, o que oferece maior qualidade ao desenho.

Por outro lado, há o desenho dos arbustos, com uma forma de representação inversa a das árvores. Esta consiste em uma mancha irregular de perímetro à área do jardim. Para o seu desenho, o mesmo critério para as árvores é tomado: o perfil assumido é desenhado e, em seguida, a textura sólida é criada em cinza claro. Se a linha com a qual o perfil foi desenhado é muito fina, ficará perdida no gráfico criado; caso contrário, ela pode ser apagada ou colocada em uma camada não impressa.

É importante observar que a vegetação desempenha um papel importante na composição da lâmina. Nesse caso, a posição das árvores não respeita qualquer alinhamento, ao contrário do que acontece com os outros elementos que compõem a lâmina. Em outros casos, no entanto, a vegetação pode ser usada como planos verticais que ajudam a definir os espaços externos. Neste caso, eles estão diretamente relacionados aos elementos construídos. Para o desenho da vegetação, podemos definir uma ou duas camadas, sempre com linha fina e cores apropriadas.

Linhas de corte

As linhas de corte não devem ser confundidas com outras linhas do desenho, para as quais um sistema de representação adequado será definido. Neste exemplo, para dar nome a cada seção, são utilizados dois caracteres: a letra S acompanhada por um número.

Para estabelecer a posição exata do corte, são utilizadas duas linhas perpendiculares finas em forma de L; o lado mais longo do L indica o local onde o corte é feito, enquanto o lado curto indica a direção do observador. A linha de corte não atravessa a planta, mas acaba justamente na borda do desenho. Outro símbolo igual ao descrito é simetricamente localizado na extremidade oposta do desenho. A simplicidade da representação deve ser enfatizada: não há necessidade de setas ou símbolos elaborados.

Nomenclatura de espaços

Os números que estão localizados dentro do desenho servem para marcar os diferentes espaços da habitação e são colocados na camada específica para textos. Esses caracteres devem estar alinhados uns com os outros tanto na direção horizontal como na vertical e localizar-se, de preferência, no centro de cada espaço. O tamanho e o tipo de letra devem ser discretos para não perturbar os elementos principais do desenho e evitar que se sobreponham ao mobiliário, às paredes ou a qualquer outro elemento da planta.

No exemplo que analisamos, os caracteres estão localizados, em sua maior parte, no centro do espaço ao qual eles dão nome, isto é, no ponto médio entre paredes horizontais e verticais, como no caso dos pontos 3, 4, 6, etc.; no entanto, aqueles que não podem seguir este critério procuram alinhar com os mais próximos. Pretende-se que todos os pontos mantenham, pelo menos, um alinhamento (horizontal ou vertical). Para os pontos que não podem ser alinhados com outros, será procurada uma relação com algum elemento circundante.

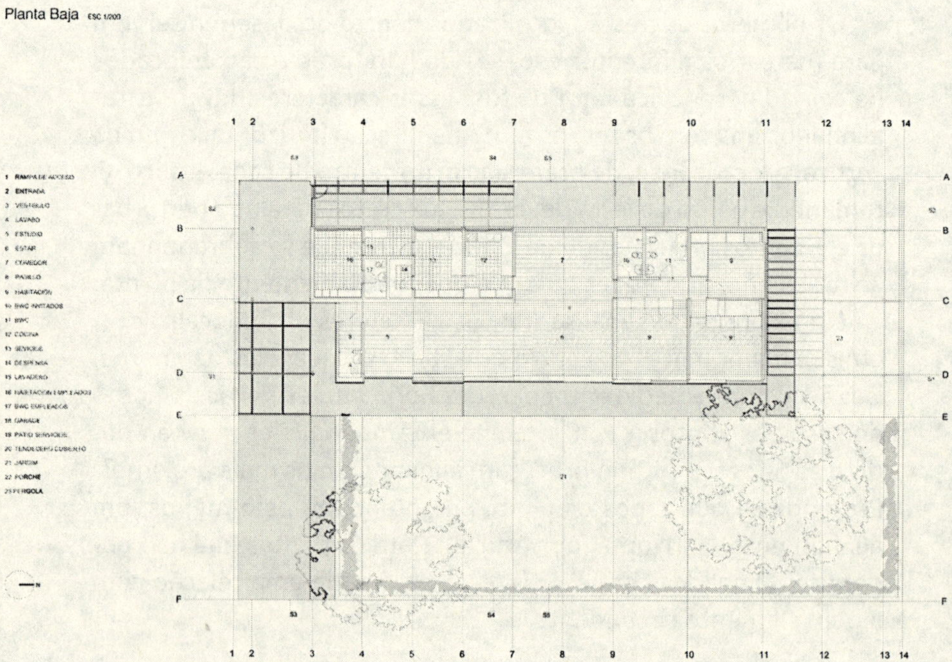

Imagem 38
Hans Broos. La Casa Zipser, planta baixa, junho de 2003. Autor: Leandro Rotolo. Fonte: Leandro Rotolo.

ELEVAÇÕES E CORTES

Terreno: limites de elevação

Ao desenhar uma elevação, devemos cortar o terreno onde fica a habitação. O limite superior do terreno é definido pelo perfil do que é construído, enquanto os outros são perpendiculares entre si. Estas três bordas são desenhadas com uma polilinha que permite colocar uma textura para representar a terra.

No exemplo do estudo, se usa um padrão de linhas inclinadas. A polilinha que define o perfil dessa textura foi apagada ou colocada em uma camada que não se imprime. É conveniente estender o desenho para os terrenos circundantes, para ter mais informações sobre a implantação do projeto e para que o desenho ganhe em qualidade, pois a base se torna mais consistente e se definem as bordas laterais da margem da lâmina. Neste caso, por exemplo, sabemos que a habitação fica em um terreno inclinado.

Texturas

Embora na maioria das vezes as texturas sirvam para marcar os elementos seccionados, elas também são usadas para representar um material específico dentro de uma elevação ou planta e, assim, fornecer mais informações sobre a definição do projeto. Neste exemplo, se utiliza uma textura de linhas verticais nas paredes, o que sugere o uso de um revestimento de madeira sobre elas.

Vegetação

Tanto os arbustos como as árvores representadas na elevação devem ser desenhados com a sua localização e tamanho exatos. Diferentes espessuras de linha são usadas para marcar os diferentes planos nos quais a vegetação é observada. Neste exemplo, os arbustos, que estão em primeiro plano, são desenhados com uma linha ligeiramente mais espessa do que as árvores, que estão em segundo plano.

Profundidade

O mesmo critério descrito acima sobre a representação da vegetação de acordo com o plano é usado no desenho de elevações em geral. Os elementos mais próximos do observador são desenhados com uma linha mais espessa. A espessura da linha diminui à medida que os elementos estão mais longe do observador. Para isso, se obterá uma série de camadas com espessuras diferentes e que não se referem a elemento algum:

Camada	Espessura
continua_00	0.0
continua_01	0.1
continua_02	0.2

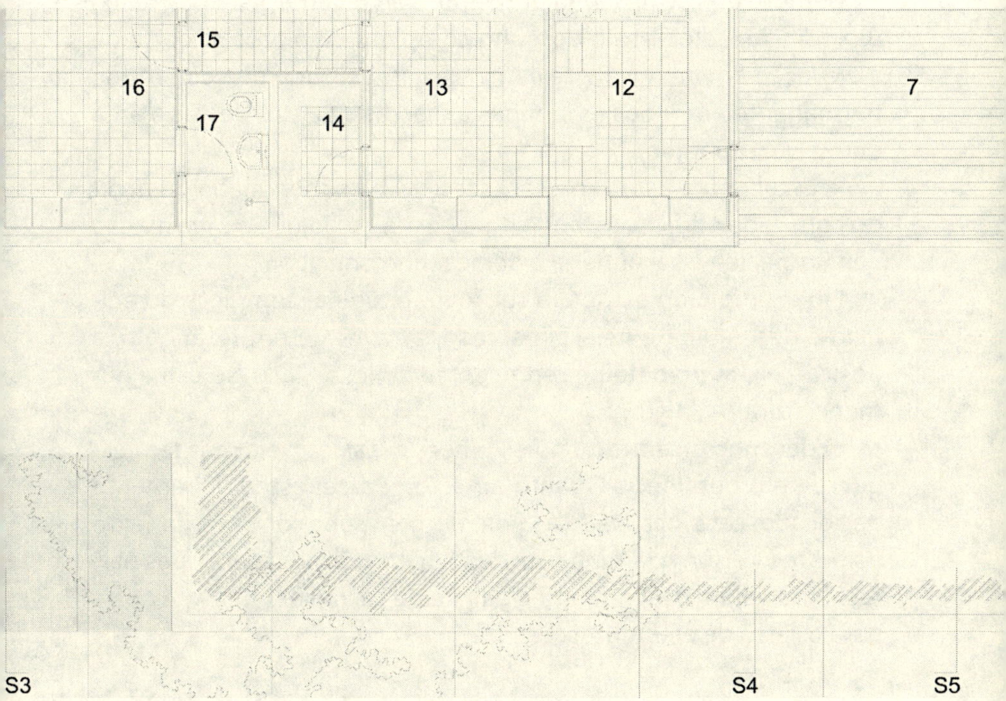

Imagem 39
Hans Broos. La Casa Zipser, ampliação da planta baixa, junho de 2003. Autor: Leandro Rotolo. Fonte: Leandro Rotolo.

Situação dos eixos

Para representar os eixos estruturais, recorre-se aos mesmos tipos de linhas e caracteres utilizados no desenho em planta. Da mesma forma, as letras se encontram alinhadas horizontalmente e criam dois limites no desenho: superior e inferior.

O DETALHE CONSTRUTIVO

Localização do detalhe

Sempre que se desenha um detalhado ou uma vista parcial de um edifício, coloca-se o desenho completo da planta, o corte ou a elevação em um local previamente estabelecido que é mantido permanente em todas as lâminas e marcado dentro destas a área que se vai expandir.

A escala para esta representação deve ser adequada de acordo com cada edifício, levando em consideração que a informação nela fornecida é secundária a do desenho principal.

No exemplo do estudo, a seção longitudinal completa do edifício é desenhada e nela é marcada, através de um retângulo, a posição exata do detalhe representado. Nesse caso, se usa a nomenclatura D5.

O desenho é centrado no eixo horizontal, entre a margem esquerda e o detalhe 5. Quanto ao eixo vertical está ligeiramente deslocado; está localizado a ¼ da margem superior e a ¾ do texto na parte inferior. A lâmina fica, desta forma, dividida em duas partes: uma para o desenho principal, neste caso o detalhe 5, e outra para o resto de elementos.

Texto

Neste caso, o texto é dividido em três colunas, que formam uma faixa horizontal. As colunas não têm a mesma largura devido aos diferentes comprimentos dos textos; no entanto, o espaço entre a primeira e a segunda coluna, bem como entre a segunda e a terceira são iguais, enquanto o espaço entre a terceira coluna e a borda do desenho principal é o dobro dos outros. Esta maior separação permite que o texto seja visto como um plano independente do desenho principal.

Esta faixa deve definir claramente seus limites superior e inferior para assim reforçar sua horizontalidade. No topo, as três colunas se alinham entre si, enquanto no limite inferior procura-se que pelo menos as duas primeiras tenham um número igual de linhas e a terceira o mais próximo das duas primeiras. Também deve notar-se que a separação entre o número e o texto em cada linha seja sempre a mesma, e criar também um alinhamento vertical.

Limites do detalhe

Quando se desenham detalhes construtivos, estes não têm um marco que os limite, em vez disso, procura-se que fiquem livres para sugerir a continuidade do projeto. O desenho do detalhe é um tipo de zoom em uma parte do edifício que ajuda a esclarecer a materialidade, a posição e a relação entre cada um dos elementos que o compõem.

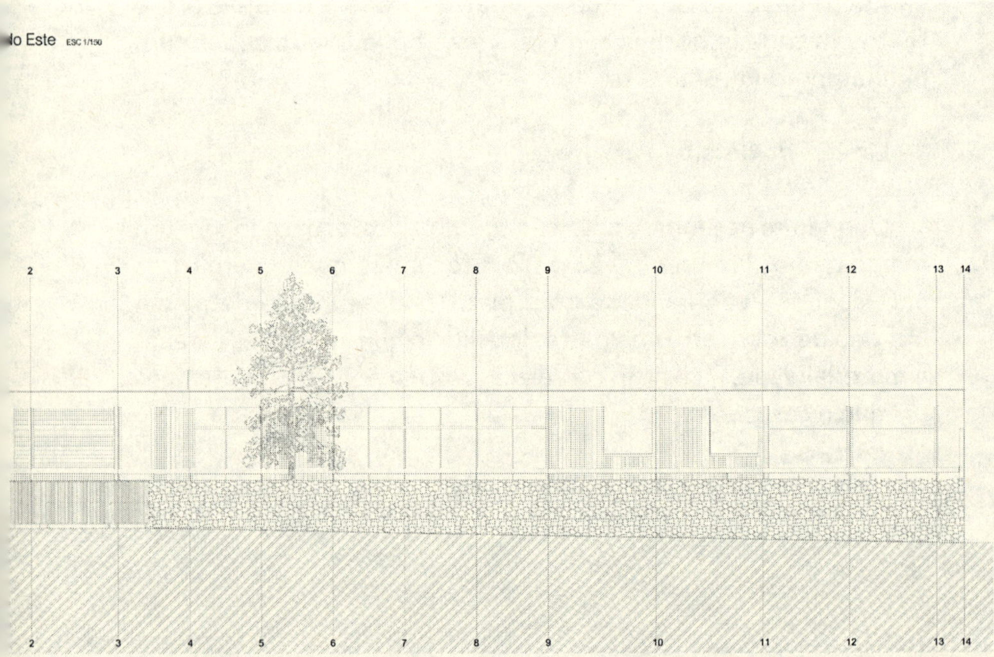

Imagem 40
Hans Broos. La Casa Zipser, fachada, junho de 2003. Autor: Leandro Rotolo. Fonte: Leandro Rotolo.

Hachuras nos detalhes

O uso de texturas nos cortes construtivos e nos detalhes em geral resulta obrigatório para entender a materialidade de cada elemento e a relação entre eles. Cada material deve ter sua própria textura. Alguns materiais podem combinar uma textura sólida com uma de linhas. Neste exemplo, a madeira é representada com uma textura de linhas oblíquas, alternando entre cinzas e brancas; o pavimento cerâmico, com uma de linhas oblíquas intercaladas, e o concreto, mediante linhas também oblíquas, mas contínuas, entre outras.

Profundidade no detalhe

Os elementos seccionados devem ser desenhados com uma linha mais espessa e ter uma textura adequada. Os elementos do segundo plano são desenhados com uma linha menos espessa, e aqueles localizados no terceiro plano, com uma linha mais fina do que as anteriores. Nesse quesito devemos ser rigorosos e manter as espessuras e os critérios em todos os detalhes de um projeto.

Nome dos elementos do detalhe

A descrição de cada uma das partes do detalhe deve ser incluída em uma caixa de texto anexada ao desenho. No desenho do detalhe, apenas a numeração necessária para vincular o elemento com sua descrição deve ser colocada. Para isso, é conveniente manter os critérios de ordem e agrupamento. Os blocos de caracteres que são gerados podem ser horizontais ou verticais; o importante é que esses caracteres estejam sempre alinhados e sejam equidistantes uns dos outros, que os blocos estejam alinhados entre eles e que a distância com o elemento desenhado também seja sempre a mesma.

Os números devem ser colocados em espaços vazios, de modo que não sejam confundidos com qualquer linha ou textura própria do desenho. As linhas usadas para relacionar os números com os elementos do desenho devem ser sempre retas em sentido horizontal ou vertical. O uso de linhas oblíquas ou curvas deve ser evitado.

Para que o detalhe se encaixe no espaço predefinido, poderá ser eliminado um trecho (vertical ou horizontal) do desenho, desde que este não contenha informações importantes. No exemplo analisado, vemos uma pequena separação no lado direito dos caracteres 6 e 33, o que mostra que o detalhe foi cortado.

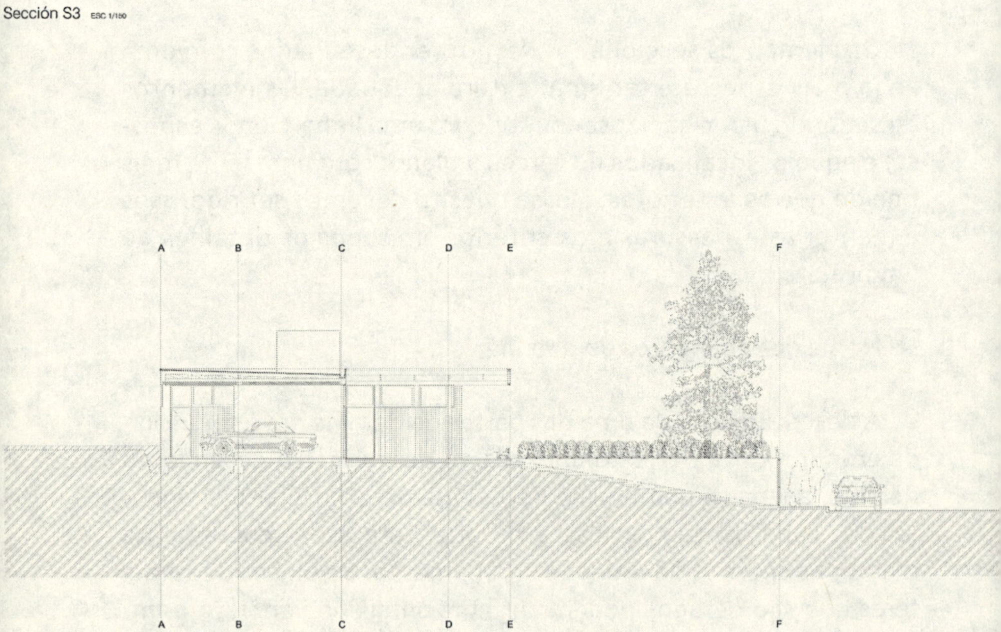

Imagem 41
Hans Broos. La Casa Zipser, corte, junho de 2003. Autor: Leandro Rotolo. Fonte: Leandro Rotolo.

CRITÉRIOS BIBLIOGRÁFICOS

É importante registrar as referências bibliográficas que usamos e fazê-lo de forma estruturada. Os documentos consultados complementam nossa pesquisa, seja reforçando os argumentos que defendemos ou qualificando-os. Para definir uma exposição clara, é conveniente oferecer ao leitor a possibilidade de contrastar por conta própria as mesmas referências que consultamos. Do mesmo modo, devemos distinguir, de forma tão clara e honesta quanto possível, nossas declarações das elaborações de outros autores. O rastro seguido nas leituras e a forma como definiu o nosso trabalho serão mais evidentes se encaminharmos as fontes através de um sistema padronizado. As pautas de citação e referência oferecidas a seguir são o produto do estudo de vários manuais sobre o assunto. No entanto, tomamos como modelo principal o livro de Josep M. Pujol e Joan Solà, *Ortotipografia. Manual do autor, do auto-editor e do desenhista gráfico*. Barcelona: Columna, 1995.

Critérios gerais para bibliografias

Livros

– Sobrenome(s) [,] nome(s) do autor ou autores [.]

– Título [:] subtítulo do livro em itálico [.]

"Ed. de"e nome [.] "Pról. de"e nome [.]

"Introd. de"e nome [.] "Trad. de"e nome [.]

"Ilustr. de"e nome [.] opcional[1]

– Número ordinário da edição [,] e número [.]

– Título de coleção e número [.]

– Cidade [:] nome da editora (sem colocar a palavra editora), e ano [.]

BREUER, Marcel. Sun and Shadow: *The Philosophy of an Architect Author.* 1.ª ed. Nova Iorque: Dodd, Mead & Company, 1955.

Artigo da Revista

Sobrenome(s) [,] nome(s) do autor ou autores [.]
"Título [:] subtítulo do artigo entre aspas" [.]
Cidade [:]
Título da revista em itálico
Número do volume em algarismos arábicos
(Ano entre parênteses) [:]
Paginação [.]

BERMEJO, Alejandro. "Antonio pastrana y la arquitectura escolar". México: Arquitectura México, 98 (1962): págs. 82-85.

Teses de doutorado

TINEM, Nelci. El caso de Brasil en la historiografía de la arquitectura moderna: 1936-1955. (Diretor: Fernando Álvarez Prozorovich) Março de 2000. [Biblioteca da Escola Técnica Superior de Arquitetura de Barcelona-UPC]

Jornais e semanários

ORDÓÑEZ MARTÍNEZ, Héctor. "El arte de Paul Beer". Bogotá: La Nación (20 de dezembro de 1955): p. 3.

Balsas Cantú, Octavio. "La visión en la historia". Historia del Arte (2-9 de janeiro de 1961): págs. 12-21.

Seminários

FLORES, Salvador. "Formas de decir". En: José María Zubizarreta (coord.) *Actas del Encuentro Nacional de Docencia* (Cali, 10-14 de abril de 1960). Bogotá: Orion, 1955, págs. 120-135.

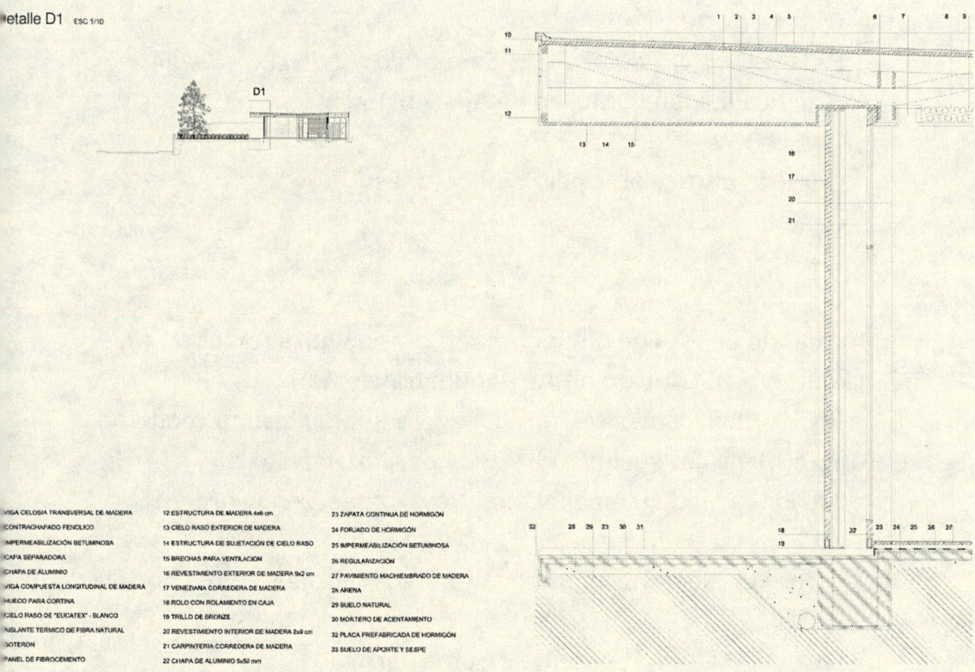

Imagem 42
Hans Broos. La Casa Zipser, corte/detalhe, junho de 2003. Autor: Leandro Rotolo. Fonte: Leandro Rotolo.

Filmes e Vídeos

SCHIATZZA, Lorena (dir.). Mario Roberto Álvarez: *retrospectiva*. Buenos Aires: Sociedad Central de Arquitectos, 1962. 65 min. (PAL)

Discos

MARSALIS, Branford Quartet. Requiem. (sax.) B. Marsalis, (p.) Kenny Kirkland, (dr.) Jeff "Tain" Watts, (b.) Eric Revis. Gravação 17-20 agosto de 1998 no Music Hall Theatre, Tarrytown, NY. Estados Unidos: Columbia (Sony) 1999. CD.

Obras de arte

PALAZUELO, Pablo. 1962. *Sem título.* Aço inox, 78 x 35 x 45 cm. Cuenca (España): Museo de Arte Abstracto.

Critérios particulares para bibliografias

Livros

Quando na lista de bibliografia há dois ou mais textos do mesmo autor, se substitui o nome por um travessão:

RICHARDS, James M. Introducción a la arquitectura moderna. Col. Biblioteca de Arquitectura 7. Buenos Aires: Infinito, 1959. [An Introduction to Modern Architecture. Nova Iorque: Penguin, 1941].

—The Functional Tradition. Londres: The Architectural Press, 1958.

Quando o autor é somente de uma parte do livro:

Gropius, Walter. Prefacio en Moholy-Nagy, Lazló. La nueva visión: principios básicos del Bauhaus. Biblioteca de Diseño. Trad. de Brena L. Kenny. 4.ª ed. Buenos Aires: Infinito, 1997. [Von Material zu Architectur. München: Albert Langen, 1929]

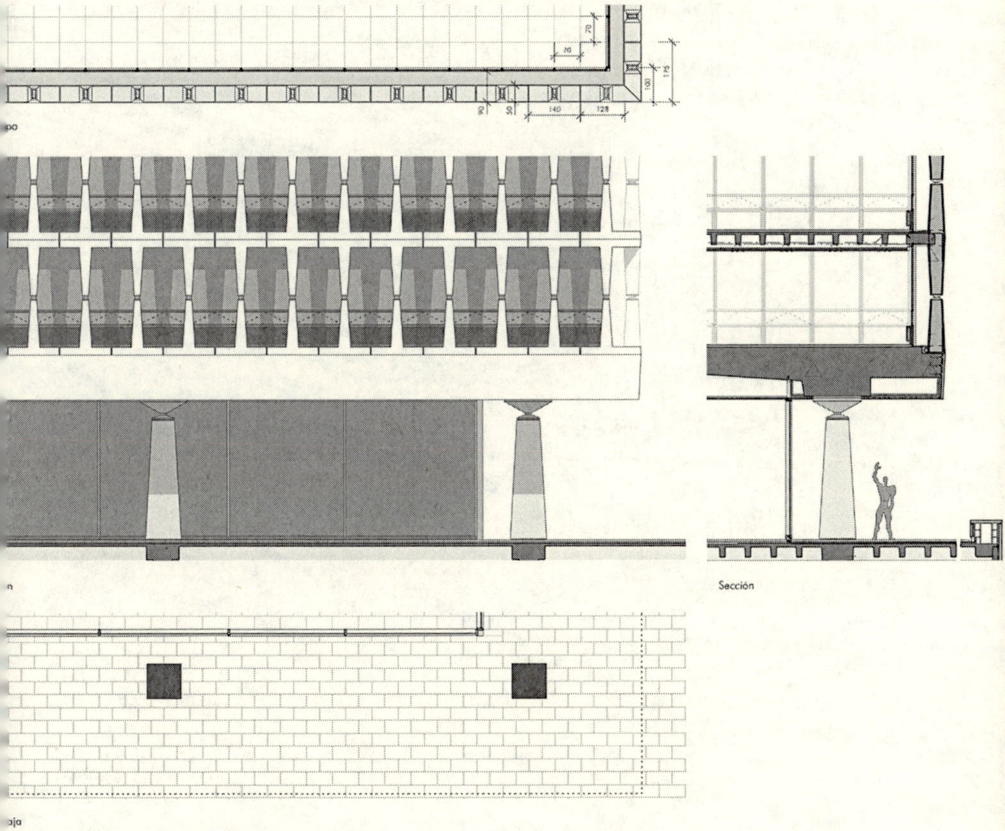

Imagem 43
Épura: plantas, corte e fachada do edifício Banco Lambert. Autor: Nicolás Sica Palermo. Fonte: Nicolás Sica Palermo.

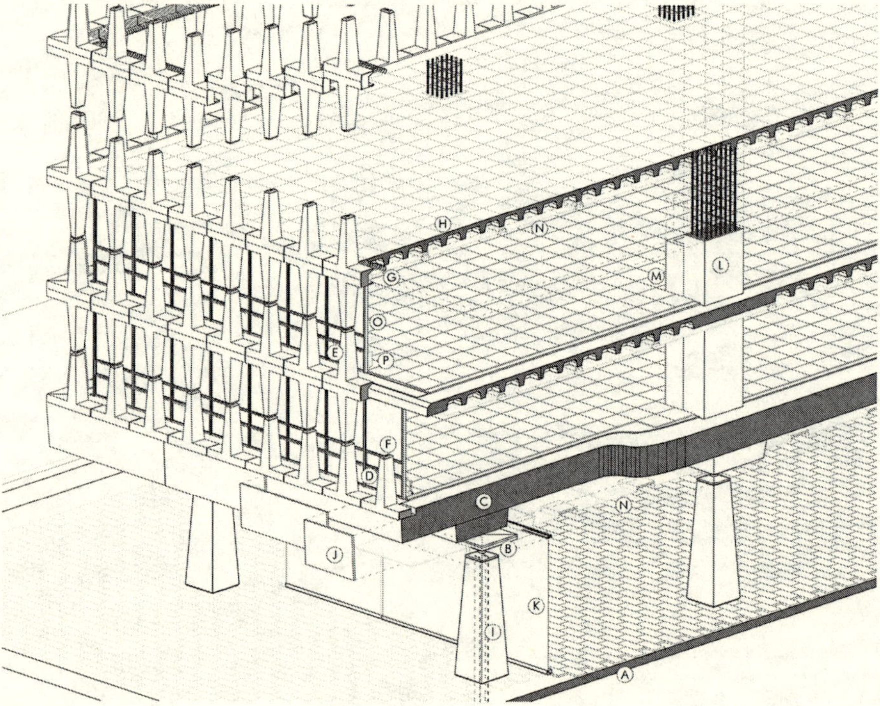
H
N
G
M
L
O
E
P
F
D
C
N
J
B
K
I
A

4.2. MONTAJE

Banco Lambert

Después de que se haya construido la plataforma del conjunto con estructura de pilares, vigas y forjados de hormigón armado moldeado *in situ* (A), se atornillaron y montaron los 24 pilares de acero (sección "I") de la planta baja (B); y se construyó el núcleo soportante de servicios y circulación. Posteriormente se montaron los encofrados para la estructura de vigas y forjado de planta primera, amarrando sus armaduras a los capiteles de los pilares ya montados; y se procedió a hormigonar los interiores de los pilares de acero de planta baja y el forjado (vigas y losa) de planta primera (C).

Con el hormigón del forjado de planta primera suficientemente curado, se colocaron y anclaron sobre el borde de este las unidades especiales de base del entramado estructural de fachada (D), que miden mitad de la altura de las piezas normales en forma de cruz. Internamente se levantaron los encofrados de los forjados reticulares, pilares interiores y núcleo de servicios. Al mismo tiempo se apoyaron sobre estas unidades la primera hilera de unidades en cruz (E), que encajaron verticalmente mediante un machihembrado interno a los conectores de acero (F) ya integrados previamente a las piezas. A continuación, las armaduras sobresalientes de las unidades (G) se amarraron al armado del forjado reticular. Preparados todos estos elementos se vertió el hormigón que formó el forjado de planta segunda (H), amarrando todos los apoyos verticales del sistema en este nivel. Una vez curado el hormigón, se volvió a colocar una nueva hilera de unidades de fachada en cruz y se montaron los encofrados para los apoyos verticales internos y forjado de planta tercera. El procedimiento volvió a repetirse una y otra vez hasta que se completaran las siete plantas formadas por estos mismos elementos. Cabe decir que no se hizo ninguna conexión estructural directa entre los extremos horizontales de las unidades de fachada más que las establecidas a través del moldeo de los forjados reticulares. No existen conexiones atornilladas o soldadas en el sistema. Los pilares de los miembros se apoyan en la unidad de abajo con un pasador de acero entre ellos. Los miembros horizontales se empalman. Todas las unidades se traban cuando las losas de piso se vierten en las ranuras de los miembros horizontales.

El ático tiene una configuración algo diferente. El núcleo central de servicios y circulación permanece existiendo, pero la estructura perimetral de prefabricados de hormigón ya no existe. La cubierta de este nivel está compuesta por un forjado en hormigón armado fino, de aproximadamente unos 25 cm (10") de espesor, que se apoya sobre el núcleo interior y sobre una estructura perimetral de esbeltos pilares metálicos distanciadas entre si y retrasadas alrededor de 2,65 m (8' 8 1/3") del perímetro del forjado. Las vigas de borde de planta primera y los pilares de planta baja se recubrieron con paneles prefabricados, de mismo agregado de cuarzo fino utilizado en las unidades de fachada.

(A) Forjados de hormigón armado moldeado in situ

(B) Pilares de acero sección "I" recubiertos con paneles de fachada prefabricados acabados con agregado de cuarzo fino

(C) Forjado (vigas y losa) de planta primera en hormigón armado moldeado *in situ*

(D) Unidades estructurales en hormigón prefabricado especiales, mlodeadas para formar la base del entramado estructural de fachada

(E) Unidades estructurales en hormigón prefabricado-prefabricado acabadas con agregado de cuarzo fino

(F) Conectores de acero integrados a las unidades estructurales prefabricadas, con machiembrado interno para encaje con unidades adyacentes

(G) Armaduras sobresalientes de las unidades prefabricadas destinadas a la conexión con los armados del forjado

(H) forjado reticular en hormigón armado moldeado *in situ*

(I) Paneles de fachada prefabricados acabados con agregado de cuarzo fino

(J) Paneles prefabricados para cubrimiento de pilares, acabados con agregado de cuarzo fino

(K) Cerramientos acristalados fijos

(L) Pilar en hormigón armado moldeado *in situ*

(M) Patinillo para subida y bajada de instalaciones

(N) Falso techo acústico

(O) Cerramientos acristalados con paños oscilantes de eje inferior

(P) Armário para paso de instalaciones, conductos y rejillas de impulsión de calefacción

136. (Página opuesta). Sección axonométrica del edificio para el Banco Lambert en Bruselas (dibujo del autor).

271

Imagem 44
'Forma y Tectonicidad: Estructura y Prefabricación en la obra de Gordon Bunshaft', Axonométrica explodida do edifício Banco Lambert, pp. 270-271, outubro de 2012. Autor: Nicolás Sica Palermo.
Fonte: Nicolás Sica Palermo.

Quando há dois autores. Aparecem por ordem alfabética e só se inverte (sobrenome/nome) o primeiro, enquanto o segundo se coloca normal (nome/sobrenome):

Deleuze, Gilles y Félix Guattari. ¿Qué es la filosofía? 6.ª ed. Trad. de Thomas Kauf. Barcelona: Anagrama, 2001.

Quando há mais de dois autores (aparece somente um por ordem alfabética): et al.

VILLANUEVA, Alonso et al. La vivienda en Quito. 2.ª ed. Colección Arquitectura Hoy. Quito: Pichincha 1964.

Quando o autor é coordenador, editor, compilador ou diretor: (ed.), (comp.) ou (coord.):

GONZÁLEZ GORTÁZAR, Fernando (coord.). La arquitectura mexicana del siglo XX. México: Conaculta, 1996.

Quando não há um autor:

[Anônimo]. Memorias de la ciudad. Madrid: Francisco Cotelo, 1624.

Quando o autor é uma instituição:

Agencia Española de Cooperación Internacional et al. Quito: arquitectura moderna en Ecuador 1950-1970. (Catálogo da exposição de mesmo nome, celebrada em Quito em 2000 e em Valência em 2001). Quito; Madri; Valência: Agencia Española de Cooperación Internacional, 2001.

Quando os textos são atas de um congresso: Congresso (Cidade, data)

JIMÉNEZ, Miriam, y Román Huerta (coord.). Actas del VII Coloquio Nacional de Arquitectura Moderna (Maracaibo, 17-20 de abril de 1960). Caracas: Monte Ávila, 1961.

Quando é relevante indicar a edição original, se coloca no final entre colchetes seguindo a mesma ordem: [Título. Cidade: Editora, ano]:

MINDLIN, Henrique E. Arquitetura moderna no Brasil. Reedición de Lauro Cavalcanti. Prefacio de S. Gideon. Trad. de Paulo Pedreira. 2.ª ed. Rio de Janeiro: Aeroplano; Instituto do Patrimônio Histórico e Artístico Nacional; Ministério da Cultura 2000. [Modern Architecture in Brazil. Nova Iorque: Reinhold 1956].

Quando há título geral e título específico do volume:

SARTORIS, Alberto. Encyclopédie de l'architecture nouvelle. Vol. III: "Climas tropicales". Milão: Ulrico Hoepli, 1948.

Quando a editora tem várias localizações:

BURIAN, Edward (ed.). Modernidad y arquitectura en México. México: Gustavo Gili México, 1998.

Quando é uma coedição: separar com (;)

NYLES, Hellen. Arquitectura moderna en Hungría. Texto bilingüe castellano-inglés. Madri: Instituto de Bellas Artes; Budapest: Consejo Húngaro de Cultura, 1952.

Publicações Periódicas

Quando é a edição de um fac-símile: (Facs., Cidade: Editora ano)

CUESTA, Jorge. "Sonetos". Contemporáneos 40-41 (1931): p. 142-143. (Facs., México: Fondo de Cultura Económica 1981. X-XI).

Quando o artigo está fragmentado em vários números: número (ano): pág.; número (ano): pág.

AGUIÑAGA, Elenka. "Visualidad y construcción". Novo 20 (1935): págs. 25-28; 21(1935): págs. 27-31; 22 (1936): págs. 24-28.

Quando a revista tem título duplo, um genérico e outro de um número monográfico: [monográfico]

BLANCA, Etual. "Efecto Gaal". Caborca 183 (1986) [Sistemas sísmicos]: págs. 25-28.

Publicações eletrônicas

Sobrenome(s) [,] nome(s) do autor ou autores [.]
"Título [:] subtítulo do artigo entre aspas" [.]
Título da revista em itálico
Número do volume em algarismos arábicos
[Em linha] ou [não disponível em linha]
[Consulta: data]
Disponível em <Endereço html>.

GALEAZZI, Ítalo. "Eduardo Corona: Estudo de uma Residência Unifamiliar, 1956". Vitruvius/arquitectos 066.1. (em linha) (consulta: 4 de dezembro de 2006). Disponível em <http://www.vitruvius.com.br/arquitextos/arq066/arq066_ 01.asp>

Critérios gerais para referências bibliográficas
Livro
Sobrenome(s) [,] nome(s) do autor ou autores [.]
Título [:] subtítulo do livro em itálico [.]
"Ed. de" e nome [.] "Pról. de" e nome [.]
"Introd. de" e nome [.] "Trad. de" e nome [.]
"Ilustr. de" e nome [.]
Número ordinal da edição [,] e número [.]
Título da coleção e número [.]
Cidade [:] nome da editora e ano [.]
[p.] número de páginas [.]

1 Fiedler, Konrad. Escritos sobre arte. Trad. de Vicente Romano. Rev. e introd. de Francisca Pérez Carreño. Col. La Balsa de la Medusa 2. Madri: Visor, 1991. p. 50.

2 Focillon, Henri. La vida de las formas y Elogio de la mano. Buenos Aires: Xarait, 1983 [La vie des formes. París: PUF 1943]

3 Worringer, Wilhelm. Abstracción y Naturaleza. México: Fondo de Cultura Económica, 1953. [Abstraktion und Einfüling: Ein

4 González, Alamiro. "Perspectiva de mi obra".

Arquitectura y construcción 21 (1958): p. 35-40.

Critérios particulares para referências bibliográficas
Quando a referência é ao texto imediato anterior: Ibid.
5 FIEDLER, Konrad. Ibid., p. 34.

Quando a referência é a um texto já citado, mas não o imediato anterior, faz-se uma síntese do título (se é artigo ou tese, coloca-se entre aspas e, se é livro, escreve-se em itálico):
6 FIEDLER, Konrad. *Escritos*, p. 34.
7 GONZÁLEZ, Alamiro. "Perspectiva", p. 36.

Quando a referência é a mesma passagem (obra e página) do texto imediato anterior: Loc. cit.
8 FIEDLER, Konrad. Loc. cit.

Quando a referência é indireta: apud
9 SAMPER, Gottfried. Der Still in der technischer und tektonisch oder Praktische Ästhetik. 2 vols. 1860-1863; apud Encina, Juande la. Worringer. Ed. de Ana María Leyra. Testemunho de Juan Benito Artigas. Madri: Universidad Complutense de Madrid, 2002. p. 47.

Quando são referências são ao mesmo texto: v. supra e v. infra
Se a referência está antes:
10 (v. supra p. 76)
Se está depois:
11 (v. infra p. 76)
Quando a referência está em uma carta inédita:
12 Santiago Gómez Calvo ao Dr. Luis Cervantes, carta firmada, 28 de fevereiro de 1956. (México: Arquivo pessoal de Mauricio Pablo Cervantes).

Quando é uma referência oral:

13 Esta possibilidade me foi sugerida pelo arquiteto Julio Sánchez Juárez em agosto de 1995.

14 Informação proporcionada ao autor por um testemunho que prefere manter-se no anonimato.

CRITÉRIOS DE NOMENCLATURA DE ARQUIVOS

Os títulos dos arquivos devem ter o máximo de informações possível e o menor número de dígitos. Os nomes dos arquivos devem ter menos de 60 dígitos, pois esse é o limite para gravar arquivos em um CD; ao mesmo tempo, devemos ser capazes de reconhecer o conteúdo, vendo apenas o nome do arquivo. Todos os títulos dos arquivos devem ser compostos de dígitos consecutivos sem espaços, e os acentos ou a letra "ç" não devem ser usados. Os títulos dos documentos gráficos devem ser organizados da seguinte forma:

CÓDIGO (doPaís)_SobrenomeArquiteto(s)_ AnoeNomedaObra_tipoeAutordoDocumento_Imagem

Por exemplo:

MEX_Carral_1961-63edifManacar_fZamora_ext01

A informação que contém é: obra construída no México, pelo arquiteto Enrique Carral, que é um edifício de 1961 a 1963 chamado Edificio Manacar; a fotografia é de Guillermo Zamora e é de um exterior numerado como 01. Os cinco dados que o arquivo tem podem ser ordenados da seguinte forma:

1. Código do país

O código do país é formado pelas três primeiras letras do nome do país de acordo com a tabela anexada:

América		Europa			
ARG	Argentina	ALE	Alemania	LET	Letônia
BEL	Belize	AUS	Áustria	LIE	Liechtenstein
BOL	Bolívia	BEL	Bélgica	LIT	Lituânia
BRA	Brasil	BIE	Bielorrússia	LUX	Luxemburgo
CAN	Canadá	BOS	Bósnia-Herzegovina	MAC	Macedônia
CHI	Chile	BUL	Bulgária	MAL	Malta
COL	Colômbia	CHE	Rep. Checa	MOL	Moldávia
COS	Costa Rica	CRO	Croácia	MOG	Montenegro
CUB	Cuba	DIN	Dinamarca	MOC	Mônaco
DOM	República Dominicana	ESQ	Eslováquia	NOR	Noruega
ECU	Equador	ESN	Eslovênia	POL	Polônia
GUA	Guatemala	ESP	Espanha	POR	Portugal
HON	Honduras	EST	Estônia	ROM	Romênia
MEX	México	FIN	Finlândia	RUS	Rússia
NIC	Nicarágua	FRA	França	SER	Sérvia
PAN	Panamá	GEO	Geórgia	SUE	Suécia
PAR	Paraguai	GRE	Grécia	SUI	Suíça
PER	Perú	HOL	Holanda	TUR	Turquia
PUE	Porto Rico	HUN	Hungria	UCR	Ucrânia
SAL	Salvador	ING	Inglaterra		
URU	Uruguai	IRL	Irlanda		
USA	Estados Unidos	ISL	Islândia		
VEN	Venezuela	ITA	Itália		

2. Sobrenome do arquiteto ou arquitetos

Se são sobrenomes compostos, se colocará o mais curto completo e do mais longo apenas a inicial. Por exemplo: Ortiz Monasterio será OrtizM. Os sobrenomes sempre devem começar com uma letra maiúscula. No caso de serem dois ou mais arquitetos, os sobrenomes serão separados por um travessão médio. Por exemplo: DeRobina–OrtizM.

3. Ano e nome da obra

O nome da obra pode ser Edifício ou Casa. As casas ou edifícios habitacionais serão nomeados usando o endereço, a rua e o número e, nos edifícios, também se precederá o prefixo edif. Por exemplo: edifShiller192. E no caso das casas, a palavra casa será usada primeiro. Por exemplo: casaReforma45. Se estes dados não estiverem disponíveis, se utilizará o nome do bairro ou área da cidade, por exemplo: casaEmSantoAngelo. Como terceira opção, se utilizará o sobrenome dos proprietários do projeto, por exemplo: casaGaya. Se for um edifício de escritórios, deve-se utilizar o nome institucional que o edifício tenha, precedido pelo prefixo edif. Por exemplo: edifManacar. Se esta informação não estiver disponível, serão registrados os dados anteriores, o endereço, o bairro ou o proprietário.

4. Tipo e autor do documento

O tipo de documento pode ser Fotografia ou Desenho e será identificado com as letras "f" ou "d", respectivamente. Em seguida, será colocado o sobrenome do autor do documento, se conhecido. Por exemplo: fSalasP é uma fotografia de Salas Portugal e dVelasco será um desenho de Velasco.

5. Conteúdo da imagem

Finalmente, será descrito o conteúdo da imagem, distinguindo entre fotografias e desenhos.

As fotografias são:

De conjunto	conj
Exteriores	ext
Interiores	int
De detalhe	det

E os desenhos são:

Planta do subsolo	ps
Planta baixa	pb
Planta do mezanino	pe
Planta 1.º nível	p1
Planta 2.º nível	p2
Planta tipo	pt
Plantas de conjunto	pconj
Elevações norte	eleN
Elevações sul	eleS
Elevações leste	eleE
Elevações oeste	eleO
Corte	cor
Perspectiva	per
Detalhe	det
Croqui	cro

Após o prefixo, adiciona-se uma numeração sempre de dois dígitos que começa por 01. No caso das fotografias, a numeração deve ter um sentido coerente, como pode ser o de fazer um tour contínuo do edifício.

Exemplo de fotografia: int01, int02, int03, int04

Exemplo de desenho: eleS, eleN, eleE

Tipos de Arquivos

Texto: documento de Microsoft Word (.doc)

CAD: documentos (.dwg), que devem ser passados para formato PDF ou JPG, com escala gráfica.

BIM: Documentos gerados em softwares BIM (Building Information Modelling) podem ser salvos em formato intercambiável tipo IFC (.ifc). A partir destes modelos são gerados PDFs com os desenhos de representação arquietetônica em 2 dimensões. Os softwares BIM mais difundidos são o Archicad e o Revit, os quais têm extensões ".pln" e ".rvt", respectivamente.

PDF: Portable Document Format (Formato de Documento Porttavel), são ideais para comportar desenhos e pranchas de desenho diagramadas por representar fidedignamente a folha a ser impressa, guardando hachuras, cores sólidas e espessuras de linhas.

Imagem: formato (.jpg), que deve ser digitalizado levando em consideração a tabela a seguir.

Tamanho do original/ Resolução do digitalizado

5 x 5 cm	1.259 pixels/polegada
10 x 10 cm	629 pixels/polegada
15 x 15 cm	419 pixels/polegada
21 x 21 cm	300 pixels/polegada

MÓDULOS DE DOCUMENTAÇÃO

Documentação de uma obra

1. Texto breve de apresentação da obra (700 palavras)

2. Ficha técnica
   Nome do arquiteto e de seus colaboradores
   Implantação: rua, número, cidade e país
   Empreendedor da obra
   Datas do projeto
   Datas da construção
   Superfície de terreno
   Superfície construída total e por planta
   Dimensões gerais da planta
   Altura e número total de plantas
   Altura livre da planta baixa e das plantas superiores
   Vão da estrutura, balanços
   Ocupação do edifício
   Lista dos materiais mais significativos
   Estado de conservação
   Acessibilidade e nome do atual proprietário
   Grau de proteção histórica, se houver
   Bibliografia sobre a obra

3. Sequência de imagens na seguinte ordem:
   Exterior e acesso peatonal
   Interior, desde a área pública até áreas mais privadas
   Aspectos parciais de detalhe
   Construção da obra

4. Informação gráfica (reprodução de material original ou pranchas redesenhadas, com escala gráfica)

   Versões anteriores do projeto, croquis, estados intermediários, maquetes

   Implantação
   Plantas
   Seções e elevações
   Seções construtivas com indicação de materiais

5. Biografia do arquiteto (máximo, 400 palavras)

6. Catálogo gráfico (máximo, 15 entradas)

7. Mapa da cidade, com indicação da situação

8. Bibliografia sobre o arquiteto

Documentação de uma Revista

1. Texto de apresentação (700 palavras)

   Circunstâncias de sua aparição; posição no panorama nacional e internacional em relação a outras revistas do setor; orientação temática; perfil profissional do diretor e do conselho de redação; arquitetos nacionais destacados e arquitetos do âmbito internacional; seções fixas relevantes; publicidade.

2. Ficha técnica
   Nome da revista
   Cidade/País
   Início e duração da publicação
   Periodicidade
   Editor (instituição, pessoa ou grupo de pessoas)
   Colaboradores
   Correspondentes no exterior
   Fotógrafos
   Desenhador gráfico
   Formato (dimensões, orientação, cor)
   Número de páginas

3. Reprodução de várias capas e sumários

4. Seleção de arquitetos
   (por ano e em ordem cronológica)

5. Seleção de outros conteúdos
   (por ano e em ordem cronológica)

Documentação de um Livro

1. Linha bibliográfica

2. Texto de apresentação (700 palavras)

Introdução sobre o conteúdo; perfil profissional do autor e avaliação de sua relação com o tema; outros livros do autor; repercussão, críticas ou resenhas na imprensa; formato, proporção entre texto e imagem; outros livros com temática semelhante.

3. Autoria (nomes completos do autor ou dos autores, o desenhista o responsável pelos desenhos e as imagens)

4. Conteúdos
   Notas para a edição
   Agradecimentos
   Prólogo por uma pessoa que não seja o autor
   Índice e divisão em capítulos
   Notas ao texto
   Bibliografia
   Índice onomástico
   Outros anexos

5. Formato
   Número de páginas
   Dimensões
   Capa
   Tamanho das imagens, composição por página

6. Créditos das imagens

O texto foi ilustrado com os trabalhos realizados pelos alunos do programa de doutorado "La forma moderna":

Marcelo Alonso
Glenn Deulofeu
Cristián Berríos
Mamen Escorihuela
Marcos Jobim e Silvana Carlevaro
Marcelo Faiden
Maximiliano Lucas Bolotner
Leonardo Moad
Leandro Rotolo

Da mesma forma, alguns livros e revistas foram reproduzidos:

SARTORIS, Alberto. *Encyclopédie de l'Architecture Nouvelle*. Vol.II : Ordre et climat nordiques, 1957; Vol. III: Ordre et climat américains, 1954.

BLASER, Werner. *Mies van der Rohe. Die Kunst der Struktur*. Zürich e Stuttgart: Verlag für Architektur, 1965 (Nova Iorque: Praeger, 1965), p 21-22.

MINDLIN, Henrique E. *Arquitetura moderna no Brasil*. Rio de Janeiro: Aeroplano, 1999.

JOHNSON, Philip. *Mies van der Rohe*. 1.ª ed. Nova Iorque: Museum of Modern Art, 1947.

CETTO, Max. *Modern Architecture in Mexico*. Nova Iorque: Praeger, 1961. Bilingue: inglês e espanhol, p. 108-109.

ROTH, Alfred. *La nouvelle architecture.* Zürich. Girsberger, 1939. Trilingue: francês, alemão e inglês. (Outras edições: Zurich: Éditions d'Architecture, 1948; Zurich, Munich: Artemis, 1975).

Revista *Cuadernos de Arquitectura*, nº. 28, 1956, Barcelona, Espanha.

Revista *Arquitectura*. nº 272, março de 1956. La Habana, Cuba.

Revista *Arquitectos de México*. p. 9-10, 1960, p. 11, 1960.

Este livro foi confeccionado especialmente
para a Editora Meridional em 11/14 *Corbell*
e impresso na Gráfica Odisseia.